Şüphesiz Allah sabredenlerle beraberdir. (Bakara 153)

DESTEK
yayınları

DESTEK YAYINLARI: 432
TASAVVUF: 14

RABB'İN İÇİN SABRET / UĞUR KOŞAR

Genel Yayın Yönetmeni: Ertürk Akşun
Editör: Devrim Yalkut
Kapak Tasarım: İlknur Muştu
Sayfa Düzeni: Cansu Poroy

Destek Yayınları: Mart 2014 (30.000 Adet)
31.-60.Baskı: Mart 2014
61.-80.Baskı: Nisan 2014
81.-90.Baskı: Mayıs 2014
91.-100.Baskı: Temmuz 2014
101.-105.Baskı: Ekim 2014
106.-110.Baskı: Kasım 2014
111.-117.Baskı: Ocak 2015
118.-121.Baskı: Mart 2015
122.-124.Baskı: Nisan 2015
125.-127.Baskı: Haziran 2015
128.-129.Baskı: Eylül 2015
130.-132.Baskı: Ekim 2015
133.-135.Baskı: Ocak 2016
136.-137.Baskı: Şubat 2016
138.-139.Baskı: Nisan 2016
140.-141. Baskı Temmuz 2016
142.-143. Baskı: Ekim 2016
144.Baskı: Ocak 2017
Yayıncı Sertifika No. 13226

ISBN 978-605-4994-31-1

Abdi İpekçi Caddesi No. 31/5 Nişantaşı/İstanbul
Tel.: (0) 212 252 22 42
Fax: (0) 212 252 22 43
www.destekyayinlari.com
info@destekyayinlari.com
facebook.com/ DestekYayinevi
twitter.com/destekyayinlari
instagram.com/destekyayinlari.com

İnkılâp Kitabevi Baskı Tesisleri
Matbaa Sertifika No. 10614
Çobançeşme Mah. Altay Sok. No. 8
Yenibosna – Bahçelievler / İstanbul
Tel.: (0) 212 496 11 11

UĞUR KOŞAR

RABB'İN İÇİN SABRET

Şüphesiz Allah sabredenlerle beraberdir. (Bakara 153)

(Bu kitap *HAYAT UZUN BİR RÜYA* isimli kitabın gözden geçirilmiş, değiştirilmiş, genişletilmiş yeni baskısıdır)

DESTEK
yayınları

İÇİNDEKİLER

***

MERHABA. O kocaman yüreğine, kocaman bir MERHABA güzel insan.

Evet, çok uzun zaman oldu gerçekten ve bu zaman içinde, hep senin ellerinin içinde olmayı hayal ettim! Düşlerimde bu anı yaşadım. Parmaklarının arasında beni tuttuğunu gördüm çoğu zaman. Ve şimdi ellerinin arasındayım...

Geçmişte neler yaşadığını bilemem. Belki acıların vardı, mutsuzdun, ama beni ilgilendiren aldığın nefesi hissettiğin bu andır... Şu an senin yüreğini hissediyorum biliyor musun? Bunu sende hissedeceksin artık. Olmadığın bir yerde, görmediğin bir şeyi hissedeceksin sende! Şu anda ellerinin arasında bulunmamın tek sebebi de bu aslında...

İnsanların yüreklerine dokunabilmek, yüreklerine sevgi tohumu bırakmak ve dua almak, dünyanın bütün güzelliklerine sahip olmakla eşdeğerdir benim için.

Zorluklarla daima karşılaştık, belki devam da edeceğiz; fakat bu olumsuz duygu durumu ve ardından gelen zorluklar karşısında kendimi hep güçlü hissettim. Bu güç, her zaman benim içimdeydi aslında ve ben, içimde bulunan büyük bir gücün var olduğunu istediğim zaman fark edebiliyordum. Bu bana Allah'ın lütfuydu. Bu güç sadece bana değil, farkında olan tüm kullara olan bir armağandır Rabb'inden.

Çünkü bu yaşam bize verilmişti! Rabbim bize değer vermiş ve dünyaya halife olarak göndermişti. Bildiğim bir şey daha var ki o da; her zorluğun ardında kendisini kucaklamam için bekleyen bir hediyenin olmasıydı...

Bu düşünce sayesinde daima başıma gelebilecek problemlere değil yalnızca, yaşadığım sorunun arkasında gizlenmiş hediyeme odaklanmıştım.

Çünkü sevginin olduğu yerde mucizelerinde olduğuna her zaman inanmıştım.

Çok kısa süre sonra, bana uzanan hediyenin önüne dikilmiş bir çelik kapıyı andıran zorluğun kapıları, ardına kadar açılmış oluyordu.

Biliyor musun, bu hediye bana olduğu kadar sana da çok yakın! Peki, o büyük zorluğun arkasında gizlenmiş hediyenin ne olduğunu bilmek ister misin? O halde ellerine bir kez daha bak lütfen.

Çünkü o hediye şu an senin parmaklarının arasında duruyor! Her engelin arkasında bir ilham vardır. Bunu daima anımsa olur mu?

Evet, bu kitap senin için yazılmış ve bana verilmiş en büyük armağandır aslında. Farkında olmasan da, senin de yaşamış olduğun zorlukların arkasında saklanmış bir hediye vardı, işte hediyen inşAllah şimdi ellerinde güzel insan. Bu kitap; seni sevgi yoluna ulaştırmak adına bir kılavuzu temsil etmektedir.

Kitabımızı yazarken bir amacım vardı. Bu amaç, düşüncelerimdeki bilgilerin bir kâğıda dökülüp, daha sonra kitap evlerindeki rafları süslemesi değildi tabii ki. Benim için önemli olan tek şey; her zorluğa Rabbimiz için sabretmenin ilahi gücünü sizin de hissetmenizdi... Çünkü insanlar bildikleri sürece değil, bildiklerini yaşamlarında uyguladıkları sürece mutluluğu kucaklayıp, özgürlüğe erişebileceklerdir.

Allah Teala yüce kitabımız Kuran-ı Kerim Müddessir 7'de "*Rabb'in için sabret*" diyerek kullarına büyük bir müjdeyi bildiriyordu aslında.

Ve yine Bakara Suresi 155'te "*Muhakkak sizi biraz korku, biraz açlık ve mallardan, canlardan, ürünlerden biraz eksiltmekle deneriz; sabredenleri müjdele*" diyerek kullarına sabrın önemini anlatıyordu.

Şimdi seninle birlikte rahmet dolu bir yola çıkacağız inşAllah. Bu yolun adı Sevgi Yolu'dur.

Eğer "Sevgi Yolu" yolculuğuna hazırsan birlikte yola çıkabiliriz. Bu zamana kadar en değerli hazineni yüreğinin karanlıklarına sakladın belki de, ama bırak artık kanatlansın yüreğin! Sadece sevgi çiçeklerinin kokusunu hisset bu yolda. Sadece görmek istediklerini görmeye çalış. Biliyorum ki sen, güzellikleri görmek adına buradasın...

Çoğu zaman onu başka yüreklerde aradın ama bulamadın.
Belki de bulduğunu sanıp sonradan yanıldın.
Oysa onun tek adresi vardı o da senin yüreğin:
Sevgi sensin! Rahmet sensin.
Aşk sensin.

SEVGİ YOLUNA YOLCULUK...

OLUMSUZLUKLAR

Her ne olduysa o gün olmuştu!

Belki de bu, yılların birikimi sonucu oluşan bir duygu patlamasıydı...

Zehra, bir zamanlar polis olan çok sevdiği babasını henüz çok küçük yaşlarda kaybetmişti. Aradan yıllar geçmişti, onun için bu duruma alışmak çok zor olsa da, yaşam yolunda babasından yoksun nefes almaya alıştırıyordu kendisini. Tabii bunu nereye kadar başarabileceğini hep düşünerek...

Küçük şirin evlerinde annesi ve yaşlı ninesi ile yaşıyordu Zehra. Henüz hayatının baharındaydı. Fakat çoğu zaman yaşamın kendisine acımasızca davrandığını düşünüyor ve böylece o güzel ruhunu, müthiş bir öfkeyle birlikte kızgınlık duygusu kaplıyordu.

En kötüsü de, bütün zorlukların sanki kendisini bulduğuna inanmaya başlamasıydı. Bazen isyankâr bile olabiliyordu... Yaşamında eksikliğini hissettiği hep birisi olacaktı ne de olsa... Bu inanç, yaşamının her anını olumsuzca etkiliyordu Zehra'nın. Çoğu zamanını mutlu olamamasının sebeplerini düşünerek geçirmeye başlamıştı artık.

Babasının ölümünden sonra, yaşamındaki eksikliği doldurması için kendisine arkadaş edindiği ve zamanla kendisini çok sevdiği bir de erkek arkadaşı vardı Zehra'nın.

Yine güneşli bir hafta sonuydu o gün. Zehra'yı her zamanki gibi annesi uyandırmıştı pembe duvarlı, küçük şirin odasının eşiğinden seslenerek. Zehra uyanıp yatağından kalktığında, güneş ışıklarının perdenin arasından sızıp, yüreğine doğru aktığını ve o an içini bir sıcaklığın doldurduğunu hissetmişti. İnsanın ruhunu tazeleyen bu ışıkla güne başlamak, Zehra'nın yüreğini ısıtmakla kalmayıp, ruhuna harika duygular da katmıştı o an.

Zehra, bu sıcak duyguları hissettikten kısa bir süre sonra elini yüzünü yıkamak için banyoya gidip sonrasında yemek odasına geçtiğinde, annesinin kahvaltıyı hazırlamış olduğunu gördü. Kahvaltıda çok fazla bir şey yiyemiyordu. Bir bardak açık çay, ince bir dilim kızarmış ekmek ve biraz da beyazpeynir yeterli oluyordu onun için.

Yedikleri de zaten boğazına düğümlenmeye başlıyordu...

Kısa bir süre sonra, "Afiyet olsun size" diyerek kahvaltı masasından kalktığında, sehpanın üzerinde duran gazetelere ilişmişti gözü.

Önce eğilip gazeteleri aldı eline. Bir tanesini koltuk altına koyup, diğerine ayaküstü bir göz attı ve daha sonra odasına doğru ilerledi. Yatağına kurulup merakla günlük haberleri okumaya başladı. Zehra, gazete okumayı çok seviyordu, ama o gün gazetedeki haberleri okudukça içini çekti "Of!" diye.

Sonra birden, "Bu ne böyle, hep aynı haberler! Yine insanlar birbirlerini dolandırmışlar, yine öldürülen insanlar, yine yanan evde mahsur kalan çocuklar, kaçırılan öğrenciler. Yine terör, yine vahşet haberleri!" diyerek söylenmeye başladı. "Yeter artık yeter!" diye haykırırken, odasının içinde çalkalanan ses, kulakları çınlatacak kadar yankılıydı adeta.

Birkaç dakika sonra diğer gazeteyi de aldı eline; fakat o gazetede de farklı bir haber yoktu. Gazetedeki olumsuz haberler ruhunu üşütmüştü Zehra'nın. Sabah kalktığında yüreğinde hissettiği güneşin vermiş olduğu aydınlığın etkisi bir anda gitmiş, yerini karanlık duygular kaplamıştı artık. O an öfkeyle birlikte elindeki gazeteleri buruşturup hızlıca yere fırlattı.

Daha sonra uzandığı yatağından doğrularak tekrar oturma odasına geçti. Televizyon izlemenin biraz kafasını dağıtabileceğini düşünüyordu çoğu insan gibi...

Oturma odasına geldiğinde, kendisini her zaman rahat hissettiği, televizyonun tam karşısında duran geniş, bordo sarı çizgilerle döşenmiş kadifemsi koltuğa oturup sırtını yasladı. Televizyonun kumandasını eline aldı ve televizyona doğru uzatıp bir tuşa bastı.

O an bir gevşeme olmuştu Zehra'nın bedeninde. Yüzünden fazlasıyla belli oluyordu bu rahatlık. Bir dakika içinde neredeyse bütün kanalları dolaşmıştı Zehra. Fakat televizyondaki sabah haberleri ve boş laflarla dolu programlar, içini karartmaktan başka bir duygu vermemişti ona.

"Yine olumsuz haberler, nereye baksam hep kötü şeylerle karşılaşıyorum. Nedir bütün bu olanlar? Neden hiçbir şeyden zevk alamıyorum artık? Neden gazete haberleri ve daha önce izlediğim televizyon programları, keyif yerine mutsuzluk hissi vermeye başladı bana?" diyerek kızgınlığını haykırıyordu bir kez daha yüreğine.

Zehra, bir anda öfkelenerek oturduğu koltuktan doğruldu ve odasına gitti. Dışarıda erkek arkadaşı ile buluşup biraz sohbet etmenin kendisini mutlu edeceğini düşünüyordu. Bunun üzerine arkadaşını arayarak daha önce gittikleri kafede buluşmak istediğini söyledi.

"Bu çok iyi olur, benim de sana söylemek istediğim bir şey var aslında" diyordu karşıdaki ses.

Zehra'nın içini büyük bir heyecan kaplamıştı o an. "Acaba bana ne söyleyecek?" diye düşünmeye başlamıştı bile telefonu kapatırken... Vakit kaybetmeden eşyalarının çokluğundan artık küçük bulduğu iki kapılı gardırobunu açtı ve hafta sonu için giyebileceği bir kıyafet aradı kendisine, ama karar veremiyordu ne giyeceğine...

Daha doğrusu içi içine sığmıyordu heyecandan. Sonunda kendisine rahat bir kıyafet seçip giyindi. Arkadaşını bekletmemek için hızlı hareket etmeye çalışıyordu ve öğleye doğru randevulaştıkları kafede buluştular.

Kısa bir sohbetin ardından heyecanlı bir şekilde, "Hadi artık..." dedi Zehra. "Bana söylemek istediğin nedir?"

"Bunu söylemek bana zor geliyor, ama yine de söylemek zorundayım" diyerek cevap verdi arkadaşı çekingen bir şekilde.

Zehra, "Neyi söylemek zorundasın, neden söz ediyorsun anlayamıyorum!" dediğinde ses tonundan ne kadar da endişeli olduğu anlaşılıyordu.

Arkadaşı suskundu hâlâ ve kısa bir sessizliğin ardından, "Buraya kadarmış..." diyerek oturduğu koltuktan ayağa kalktı bir anda ve hiçbir açıklama yapmadan Zehra'nın yanından ayrıldı.

Öylece donakalmıştı Zehra bulunduğu masada. Olanlara anlam veremiyordu.

Çaresizlik içinde yumruklarını sıkıp dudaklarını ısırıyor, bir yandan da, "*Kâbus gibi bir gün!*" diye düşünüyordu. O sırada telefonu çalmaya başladı. Arayanlar kız arkadaşlarıydı. Önce telefonu açmamayı düşünse de, daha sonra bu durumu arkadaşları ile paylaşmanın kendisini rahatlatabileceği kararına varıp telefonu cevaplayarak arkadaşlarını bulunduğu ortama çağırdı.

Yaşadıklarını arkadaşlarına anlatırken, arkadaşları da yaşadıkları sıkıntıları Zehra ile paylaşıyordu. Ama ortada çözüm için gerekli hiçbir konuşma yoktu! Zehra, bu sohbetin ardından yeniden gerilmeye başlamıştı. "Hep aynı konuşmalar. İnsanlar birbirlerini çekiştiriyor. Ayşe sevgilisinden ayrılmış, Demet babası ile tartışmış, Melike derslerden şikâyet edip içimi karartıyor" diyerek bu olumsuz ortamdan da uzaklaştı.

Yalnız başına çevrede dolaşmanın, kendisine iyi geleceğini düşünerek küçük adımlarla çevrede gezinmeye başladı. Birkaç dakika sonra, o güzel güneşli havanın yerini, bulutlu, kapalı bir havaya terk ettiğini gördüğünde, "Ne kadar da şanssız bir insanım ben. Bu güzel havada dolaşmayı bile çok gördü bana kaderim!" diye isyan ederek, az ileride bulunan otobüs durağına doğru hızlı adımlarla ilerledi.

Yağmur bir anda atıştırmaya başlamıştı. Ufak yağmur damlacıkları Zehra'nın saçlarını nemlendirirken o, otobüs durağına bir an önce yetişebilmek için koşturmaya başlamıştı bile.

Otobüs durağına geldiğinde müthiş bir kalabalığı da fark etti Zehra. Yapılacak bir şey yoktu, eve gitmesi gerekiyordu ve bunun için de otobüsü kullanacaktı. Yaklaşık yarım saat bekledikten sonra, az ileride kendisini evine götürecek olan yeşil renkli, tepesinde 26 yazan otobüsün geldiğini gördü.

O müthiş kalabalığın içerisinden kendisini otobüse attığında, bu defa otobüsün içinde tıkış tıkış olmuş insanları fark etti. Artık daha çok inanmaya başlamıştı bütün zorlukları kendisine çektiğine...

Bunu kötü şansına bağlayarak, "Zaten şanslı bir insan olsaydım, otobüs boş gelirdi" diyerek mırıldandı hafifçe. Hoş, otobüs o gün her günkünden çok daha kalabalıktı! O kadar kalabalığa şoför bile "Arkaya doğru ilerleyin lütfen" diye seslenmekten yorulmuştu artık.

Zehra, bir yandan kaderine isyan ederken, bir yandan da otobüsün içinde ayakta kalabilmek için dengesini sağlamaya çalışıyordu.

Yaklaşık bir saat süren yolculuğun ardından ancak evine ulaşabilmişti... Eve girer girmez üzerine rahat bir şeyler aldı. Saatine baktığında çok sevdiği dizilerin başlamak üzere olduğunu fark etti. Çok geçmeden televizyon karşısındaki yerini aldı, diziler de başlamıştı zaten...

Ama birkaç dakika sonra Zehra, yine sıkılmaya başladığını fark etti. Dizideki insanlar sürekli, "Üzgünüm, mutsuzum, kahretsin, yapamam, başaramam..." gibi olumsuz kelimeler kullanıp, birbirlerini vurup, aldatıp, tehdit edici sözler sarf ediyorlardı. Bu durum, artık Zehra'nın yüreğinde büyük sıkıntılar oluşturmaya başlamıştı.

Aslında uzun bir zaman diliminin sonucu oluşan, Zehra'nın, farkında olmadan çevresinden edindiği ve zamanla içselleştirdiği duyguların patlamasıydı bu duygu durumu. Zehra biraz düşündü.

Gerçekten de her şeyin kendisini mutsuz ettiğine iyice inanmaya başlamıştı artık. Nereye baksa, nereye gitse, hep iç sıkıcı olumsuzluklarla karşılaşıyordu...

Babasının ölümünden sonra sevgiyi erkek arkadaşında aramış; fakat saatler önce onu da yüreğinden zor da olsa çıkarmak zorunda kalmıştı. Kendisini çok çaresiz hissediyordu ve mutlu olabileceğine dair hiçbir inancı kalmamıştı, ta ki bahçeye çıkıp, toprağın üzerinde koşturan karıncaları görünceye kadar...

FARKINDALIK

Yüzlerce karınca hiç durmadan hareket ediyor ve aynı iz üzerinde gidip geliyorlardı. Karıncalar ağızlarında taşıdıkları boylarından büyük yemleri yuvalarına taşırken, Zehra da oturup onları izlemeye başlamıştı. Sonra dikkatini çok küçük bir karınca çekti.

Ağzındaki çekirdek kabuğunu tutamayacak kadar küçücük bir karıncaydı bu...

İki adımda bir ağzındaki kabuğu düşürüp, daha sonra tekrar yakalıyor ve sürükleye sürükleye yuvasına taşımaya çalışıyordu. Karıncanın önünde yaklaşık on metrelik bir yol vardı ve sonunda yuvasına ulaşmıştı. Zehra, bu minik karıncanın hiçbir şekilde hedefinden vazgeçmediğini görünce çok şaşırmıştı.

O an gözleri bir boşluğa dalmıştı Zehra'nın.

Sadece düşünüyordu... Bir ara ağzından "Asla vazgeçmedi! Asla vazgeçmedi!" sözlerinin çıktığını fark etti.

Az önce gördüğü olay, Zehra'nın içindeki kıvılcımı bir anda ateşlemiş olmalı ki, *"Yaşamımı değiştirmek için ne yapmalıyım?"* diye sordu heyecanla kendine ve ardından tekrar düşünmeye başladı.

Zehra'nın tüm yaşamını değiştirmek adına, yüreğinin derinliğinden gelen kilit bir soruydu bu aslında. Daha sonra, *"Tek başıma bu sorunlarımın üstesinden gelebilir miyim?"* diye sorguladı kendisini.

Her şey bir anda değişmeyecekti tabii, ama Zehra niyet ettikten sonra zamanla tüm istediklerine kavuşabilirdi. Bu soru, adeta mucizevi bir değnek gibi ruhuna dokunmuştu Zehra'nın. "Yaşamımı değiştirmek için ne yapmalıyım?" diye tekrar sorguladı kendisini. Biraz düşündü ve bir anda aklına, çok sevdiği Meryem ninesi geldi.

Meryem nine yüz yaşının üzerindeydi. Bu yaşına rağmen hâlâ pozitif enerjisini kaybetmemiş ve kendisini her zaman mutlu hisseden bir insandı. Zehra'nın zihni ilk başlarda "*Ninen sana bu konuda yardımcı olur mu?*" diye kaygılansa da, o yüreğinin sesini dinledi ve yaşadıklarını ninesine anlatmaya karar verdi. Aslında, ninesinin bu yaşta böyle enerji dolu olmasını hep merak etmiş, "*Bunun bir sırrı olmalı*" diye düşünmüştü çoğu zaman...

Evet, kararlıydı Zehra. Bu durumu ninesi ile paylaşacaktı. Kendisini anlayacak tek insanın ninesi olduğuna emindi artık. O an saatine baktığında çok geç olduğunu fark etti. Ninesi ile konuşmak için sabahı beklemek zorundaydı. Bu düşüncelerle bahçeden odasına doğru yöneldi ve yatağına yattığında bir an önce sabah olmasını dileyerek gözlerini kapattı...

Ertesi sabah gözlerini yeni bir güne açar açmaz soluğu Meryem ninenin yanında aldı.

Kapıdan girdiğinde ninesini, çok sevdiği sallanan koltuğuna oturmuş, kitap okurken gördü. Heyecanlı bir ses tonuyla, "Nineciğim, sizden bir konuda bilgi almak istiyorum. Bana ancak sizin yardım edebileceğinizi düşündüm" dedi.

Meryem nine, Zehra'yı böyle telaş içinde görünce şaşırmıştı açıkçası, ama bir yandan da mutlu olmuştu. Çünkü paylaşmanın kendisini huzura götüren bir yol olduğunu çok iyi biliyordu yaşlı nine. Bildiği bir şey daha vardı ki o da, yaşam yolunda varoluş sebebinin insanlığa yardım etmek olduğuydu.

Bu hisler içinde, "Ninen senin o güzel yüreğine dokunmak için her zaman yanında. Kendini ne zaman hazır hissedersen, ben burada paylaşmak için seni bekliyor olacağım güzel kızım" diyerek cevapladı torununu.

Zehra hiç vakit geçirmeden, "Şu an hazırım ben nineciğim" dediğinde ninesi, Zehra'nın çok istekli ve heyecan dolu olduğunu hissetmişti.

"Ama seni çok telaşlı ve heyecanlı görüyorum. Heyecan iyidir, gelişmen için sana kalbinin derinliklerinden anlamlı sorular getirmesine vesile olur. Ancak telaşlı olman beni dikkatli bir şekilde dinlemene engel olabilir, bu da sağlıklı iletişim kurmamızı engeller, değil mi Zehracığım?" diye sorduğunda yaşlı nine, Zehra biraz düşündü ve ardından başını yukarı ve aşağı sallayarak onayladı ninesini...

Meryem nine Zehra'ya adeta kalbiyle konuşuyordu.

"O halde, çok kısa olmak şartıyla, kendinle baş başa kalmanı isteyeceğim senden. Yüzünü bir kez daha yıkamanı... Yüzünü yıkarken sadece suyun sesine ver kendini. Onun akışını hisset. Her şey Allah'ı zikreder yavrum. O suyun zikrini kalbinde hisset. Daha sonra eşsiz doğayı ve güzellikleri görmek için pencereden bakmanı da istiyorum yeryüzü ve gökyüzüne doğru. Her şeyin canlı olduğunu göreceksin, her şeyde bir hareket var ve bunun da Allah'ın muhyi (can veren) esmasının tecellisi sonucunda olduğunu fark edeceksin o an. Bunları yaptıktan sonra tekrar yanıma gelebilirsin canım."

Zehra'nın telaşını üzerinden atması ve kendisini rahat

bir şekilde dinlemesinin, onun üzerinde oluşacak olumlu etkiler yaratacağının bilincindeydi Meryem nine.

Küçük kız, ninesinin dediklerini yapmak için yanından ayrıldıktan kısa bir süre sonra geri dönüp kapının eşiğinden belirdiğinde bu kez daha rahat görüyordu onu ninesi. Yaşlı nine, "Hoş geldin yavrum. Seni daha sakin ve huzurlu görüyorum şimdi" dediğinde ses tonu, bir arının balı kadar tatlı gelmişti Zehra'ya.

Zehra, kendisine gelmiş olmanın verdiği rahatlıkla, "Evet nineciğim. Dediklerinizi yaptım. Kendimi kısa süreli dinlemek iyi geldi gerçekten. İnsan çok kısa süre de olsa kendisine zaman ayırmalı diye düşündüm pencereden bakarken. Üstelik doğadaki güzellikleri görmek ve Allah'ı hissetmek için etrafa bakmak da harikaydı gerçekten. Şimdiye kadar fark edemediğim güzellikleri görmüş oldum. Cıvıl cıvıl ötüşüyordu kuşlar. Rengârenk geldi bu sefer bana çiçekler, insanlar... Her şey ne kadar da farklıymış!" dediğinde, yaşlı nine, "*Yüreğinle baktın* da ondan yavrum!" diyerek cevap verdi küçük torununa. Zehra şaşırmıştı. "Nasıl oluyor yüreğinle bakmak nineciğim?" diye sordu büyük bir merakla. Yaşlı nine gülümseyerek, "Onu da anlatacağım birazdan, ama beni ayakta dinlemeyi düşünmüyorsun değil mi? Gel otur bakalım şöyle" diyerek karşısında duran misafirlerine ayırdığı özel koltuğa davet etti Zehra'yı.

Meryem nine de heyecanlıydı. Acaba torunu kendisi ile neler paylaşacaktı? Meryem nine aklından bunları geçirirken, Zehra da ninesinin bir an önce söze başlamasını beklemekteydi...

Yaşlı nine, "Artık dinleyebilirim seni. Güzel kızımı neymiş bakalım bu kadar üzen şey?" diye sorarak başlattı sohbeti.

Zehra, sanki yıllardır birisinin gelip ona bu soruyu sormasını bekliyormuş gibi büyük bir heyecan içinde, "Şey..." dedi ve ardından devam etti. "Ben ilkönce çok merak ettiğim bir şeyi sormak istiyorum size. Biliyorum ki siz yüz yaşını aşmış bir insansınız. Oysa insan ömrü ortalama altmış beş senedir diye biliyorum ve birçok insan buna inanıyor. Sizin gibi bu yaşlara gelmiş çok az insan olduğunu da biliyorum. Uzun yaşamanın özel bir sırrı var mı acaba nineciğim?"

"Evet, özel bir nedeni var, ama sırrı yok!" dedi yaşlı nine gülümseyerek ve devam etti sözlerine. "Çünkü bilinen bir şey sır değildir yavrum. Benim bu konuda bildiklerimi birçok insan da biliyordur elbet, ama bildiklerini yaşamlarında uygulayan çok az insan var maalesef. Gençken kendime bir hedef belirlemiştim, yüz yaşıma Allah izin verir de gelirsem paylaşmanın gücünü her an yüreğimde hissedeceğim diye. Yüz yaşıma geldiğimde, yüreğimdeki sevgi ile çevremdekileri ısıtacağıma o kadar çok inanmıştım ki, zihnimde hiçbir zaman altmış beş yaşlarında yaşlanacağım ve öleceğim duygusuna yer vermemiştim! Ben, bir asır boyunca yaşamayı düşündüğümde tek yaptığım, sadece buna inanmaktı. Bu yüzden buna bir *sır* diyemiyorum!"

"Anlıyorum..." dedi Zehra. "Sanırım inancın gücü kaderimize de etki ediyor."

Yaşlı nine yüzünü kaplayan tebessümle, "Kaderi değiştirmek mümkün değildir canım, ama dua kazayı değiştirebilir. Üstelik kalbinden geçen her şey niyettir. Erken öleceğine niyet edersen, ya da başına olumsuz bir şey geleceğine, bununla karşılaştığını görürsün. Bu yüzden çoğu insana dikkat et, inandıklarının başına geldikleriyle karşılaşmışlardır. Bazen birini düşünürsün, birkaç gün sonra onunla karşılaşabilirsin... Niyet böyle güçlü bir duadır işte."

YÜREĞİN SESİ

"Nineciğim, ben çok şanssız bir kızım. Dünyadaki bütün zorluklar ve sorunlar sanki hep beni buluyor. Nereye gitsem, nereye baksam, hep karanlık duygular yaşıyorum. Son zamanlarda yüzümün artık hiç gülmediğini fark ettim. Kendimi çoğu zaman mutsuz ve yorgun hissediyorum. Yemek bile yiyemiyorum, yiyecek olduğumda ise ağzımdaki lokmalar boğazıma düğümleniyor adeta. Ne yapabilirim mutlu olabilmek için? Benim kaderim bu mu yoksa? Üstelik içim kararmış gibi bir hisse kapılıyorum sürekli, bu yüzden içimden hiçbir şey yapmak gelmiyor, tüm bunların sebebi nedir?" diye sorduğunda, Zehra'nın sesindeki olumsuzluk dalgaları odayı da bir anda kaplamıştı.

Meryem nine, Zehra'nın bu soruları karşısında, "Hepsi bu kadar mı?" dedi yüzünden eksik olmayan tebessümle.

Zehra, ninesinin yüzündeki bu tebessüme anlam verememiş olmalı ki, "Daha ne olsun nineciğim?" diyerek cevap verdi şaşkın bir ifadeyle.

Meryem nine o an, Zehra'nın kendi yüreğinden gelen haykırışı fark edebildiğini anlamıştı aslında. Yüzündeki tebessüm de bundan kaynaklanıyordu zaten. Yüreği Zehra'ya sürekli bir yakarış içindeydi, Zehra da, yüreğindeki bu yakarışı fark ederek ona kulak vermişti. Böylece çözüme ulaşan özgürlük yolunu da keşfetmişti ve bu yolun sonu sevgi yoluna uzanıyordu.

Yaşlı nine, bu olumsuz duyguların zamanla Zehra'nın beyninde kendisinin de farkında olmadan yer ettiğinin bilincindeydi. Bunlar, olumsuz düşüncelerin birikimi sonucunda oluşan duygu yoğunluğunun patlamasıydı aslında.

"Yüreğin
sen
izin verdiğin için
karanlıktır..."

Yaşlı nine Zehra'ya, yüreğini inciten bu karanlık duyguların, sürekli olumsuzu, negatifi düşünüp ona odaklanarak kendisini bağımlı kıldığını ve buna bağlı olarak şimdi farkında olmadan niyet ettiği şeyi yaşadığını söyledi. Daha sonra kendisine bir yakınının başından geçenlerini anlatmak istediğini söyleyerek sözlerine, bu olayı bir öykü gibi anlatırcasına devam etti:

Bir zamanlar bir yerde, Elif isminde bir kız çocuğu yaşarmış.

Liseye yeni geçmiş o sene Elif. Derslerinde başarılı, okulunu ve öğretmenlerini de çok seven bir kızmış. Her şeyin yolunda gittiğini düşündüğü bir gün, hiç ummadık bir şekilde, çok sevdiği babasını kaybetmiş.

Günlerce babasının yasını tutmuş Elif. Aylarca hiç usanmadan, her gün babasını ziyarete gitmiş mezarlığa. Kendisini dış dünyaya kapatıp, sadece içine attığı olumsuz duyguların sesini dinlemeye başlamış. Okulunu bile bırakmış...

Annesi, Elif'in bu durumuna çok üzülüyor ve onun için bir şeyler yapmak istiyormuş. Kendisini bir doktora götürmeyi birçok kez teklif etmesine rağmen, Elif bunu asla kabul etmemiş. "Benim hiçbir şeyim yok" diyerek her defasında annesinin bu isteğini geri çeviriyormuş.

Bu olay, eşinin acısını unutturmuş Elif'in annesine. Anne yüreği daha ağır basmış! Onun tek derdi biricik yavrusuymuş. Elif'inin gözlerinin önünde eriyip bitmesine dayanamıyormuş artık. Onunla defalarca konuşmak istese de, bunu başaramamış. Elif kendisini dış dünyaya kapatmış bir kere ve kendi kabuğundan çıkmaya da hiç niyeti yokmuş.

Yaklaşık bir yıl boyunca Elif, babasının mezarlığını her gün ziyaret etmiş. Mezarlık dönüşünde ise kendisini odasına kapatıyor, orada bütün gün düşünüyormuş çaresizce. Yemeği bile annesine kendi odasına getirtiyor, sonrasında ise tabağın ucundan sadece bir kaşık alıp bırakıyormuş.

Mutluluk, bir hayalden öte değilmiş artık onun için. Annesi, Elif'i teselli edip, tüm bu yaşadıklarının geçici duygular olduğunu, yaşamın her koşulda devam ettiğini anlatmaya çalışsa da, Elif duyduğu hiçbir şeye inanmıyormuş.

Annesi bu olaya daha fazla dayanamamış çaresizlik içinde bir psikoloğa gitmiş ve kızının durumunu danışmış. Uzun uzun, yaşadıklarını anlatmış Elif'in. Psikolog, annesine, "Madem Elif buraya gelmek istemiyor, o zaman siz ona yardımcı olacak bir şeyler götürün" diyerek, Elif'in okuyabileceği birkaç kitap önermiş.

Yüreği yanan anne, elindeki listeyle hemen bir kitabevine giderek önerilen kitapları almış ve Elif'e götürmüş. Annesi odaya girdiğinde Elif, annesinin elindeki kitaplara bakmış anlamsızca, ama hiç tepki vermemiş. Usulca kitapları masanın üzerine bırakıp odadan ayrılmış yüreği sızlayan anne.

Birkaç gün boyunca kitaplar, masanın üzerinde öylece kalmış. Elif'in artık iyice canı sıkılmaya başlamış. İçinden yapacak hiçbir şey gelmiyormuş. Tek yaptığı her gün babasını ziyaret etmekmiş, hem de hiç usanmadan...

Elif yine bir sabah gözünü açmış gün ışığına doğru. Kendisini daha farklı hissetmiş nedense o gün. Annesinin getirdiği kahvaltıyı her zamankinden biraz daha fazla yemiş.

Sonra, bırakıldığı günden beri masanın üzerinde duran kitaplara ilişmiş gözü. Masaya doğru yaklaşmış önce. Sonra ellerini uzatmış kitaplara doğru, tam tutmak üzereymiş ki, bir anda elini geri çekmiş.

Uzun bir süre masanın başında dikilip kitapları seyretmiş uzaktan. O sırada en üstte duran kitabın adı ve üzerindeki resim dikkatini çekmiş.

Kitabın kapağında kocaman, uçan bir filin resmi varmış. Sonra bir daha uzatmış elini kitaba doğru. Kitabın üzerinde kocaman harflerle "İMKÂNSIZ YOKTUR" yazıyormuş. Uzun zamandır ilk defa bir şeyin ilgisini çektiğini düşünerek ayaküstü kitaba göz atmaya başlamış.

Sayfalarını çevirdikçe, yazara ait birtakım sözler ilişmiş gözlerine. Bir sayfada şöyle yazıyormuş:

UZATIN KOLLARINIZI VE YILDIZLARA DOKUNUN. YAPAMIYORSANIZ BİLE EN AZINDAN DENEMİŞ OLURSUNUZ.

Bu söz Elif'in çok hoşuna gitmiş. Uzun bir aradan sonra ilk defa yüreğinde bir tebessüm oluştuğunu hissetmiş o an.

Sonra sayfaları çevirmeye devam etmiş. Sayfanın birinde onu çok yakından ilgilendiren bir sözle karşılaşmış:

UZAK DENEN YER,
YÜREĞİN HİSSETMEDİĞİ HER YERDİR.

Düşünmeye başlamış Elif. Okuduğu bu sözü içinden tekrarlamış: "Uzak denen yer, yüreğin hissetmediği her yerdir." Ve birden irkilerek, "Babam bana uzak değil, çünkü o, her an yüreğimde!" diye haykırmış. Odanın içinde sesi öyle bir çınlamış ki, annesi kızına bir şey olduğunu sanarak birden Elif'in odasına dalıvermiş.

Meraklı gözlerle neler olduğunu anlamaya çalışırken, aldığı kitabın, kızının kolları arasında, bir bebek gibi sarılı olduğunu görmüş. Elif'in gözlerine bakmış dikkatlice neler oluyor gibisinden. O an Elif, annesine doğru hızlı adımlar atarak yanına yaklaşmış ve onu kucaklamış. Sevinç gözyaşlarına boğulmuşlar ana kız.

O gün hayata yeniden başlama kararı almışlar. Elif okuluna devam etmek istememiş, annesi de onu bu konuda serbest bırakmış zaten. Elif'in kendi kararlarını alabilecek bir yaşa geldiğine inanıyormuş.

Kendisine bir iş aramış Elif ve çok geçmeden yönetici sekreterliği için başvurduğu bir firmadan arayıp, kendisi ile görüşmek istediklerini belirtmişler. Vakit kaybetmeden görüşmeye gitmiş o gün Elif ve aynı gün işe başlamış. Aradan aylar geçmiş. Elif yaşantısından memnunmuş. İşini seviyormuş, huzuru yerindeymiş.

Bir öğlen, işyerinde birlikte çalıştıkları arkadaşı Ahmet, Elif'e, yemeğe dışarı çıkmayı teklif etmiş. Elif bu teklifi kabul etmiş ve çevrede bulunan bir lokantaya gitmişler. O gün birbirlerinden tatlı bir elektrik almışlar ve kısa bir süre sonra da aralarında güzel bir arkadaşlık başlamış. İlk başlarda her şey yolunda gitse de, bir süre sonra bu arkadaşlık yerini ayrılığa bırakmış. Elif için bu durum çok üzücü olmuş. İşyerinde her gün Ahmet'le karşılaşmak çok zor geldiğinden işi de bırakmış.

Annesi, Elif'e artık karışmak istemiyormuş. Kendisini tekrar toplar diye düşünüyor ve umutla bekliyormuş bunu...

Elif'in ise zihninde hep olumsuz düşünceler varmış. Mutluluğun kendisinden çok uzakta olduğunu ve hayatın kendisine hep acı yüzünü gösterdiğine inanıyormuş. Elif bir müddet sonra çok yorulduğunu hissetmiş. Sebepsiz yere kendisini yorgun hissediyor ve içinden hiçbir şey yapmak gelmiyormuş. Eskiden her gün farklı bir kıyafet giymeyi seven Elif, şimdi aynı kıyafet ile günlerce dolaşıyormuş.

Yine bir gün her yerinin ağrıdığını hissetmiş. Ağrılar her gün vücudunun farklı bir yerinde ortaya çıkıyor ve gittikçe dayanılmaz oluyormuş. Gece yastığa başını koyduğunda ise kulaklarını sağır edercesine bir uğultu ile baş dönmesi yaşıyormuş.

Bu durumu annesine anlatmış ve bir dahiliye doktoruna gitmişler. Elif bütün tetkikleri yaptırmış, ama sonuç hep negatif çıkmış. Hastalık adına hiçbir belirti yokmuş yapılan tetkik sonuçlarında!

Çaresizce evin yolunu tutmuş anne kız. Elif neler olduğuna anlam veremeden yaşantısını sürdürmüş, annesi ise kızına hep bir çare arayarak ömrünü ona adamış...

Bu hikâyeden sonra Zehra ninesine, "Elif'in de kaderi tıpkı benim gibiymiş" diyerek, çaresiz bir şekilde üzüntüsünü dile getirdi. Bunun üzerine yaşlı nine çok önemli bir konuyu açıklarmışçasına sesini inceltip, Zehra'ya doğru eğilerek, "Bunları düşünen sen değilsin" dediğinde küçük kız şaşırıyordu.

Peki, bunları düşünen kim nine?

Sen kafanın içindeki sesi karşına almalısın. O ses zihninden geliyor. Bizler ruhsal varlığız yavrum. Ruh sadece hisseder düşündüren ise bizleri zihindir. Biz zihni kullanmazsak o bize yaşadığımız bütün sıkıntıları tekrar tekrar hatırlatır!

Zehra iyice şaşırmıştı, peki zihin şeytan mı?

Nine gülüyordu... Hayır, elbette. Ama Allah onu bize vermişti, o çok güzel bir hafıza deposu. İşine yarayacak bilgiler hep orada saklı. Öğrendiğin dualar, ev adresimiz mesela. Ancak zihni şeytan almış eline ve nerede olumsuz yaşadıklarımız var hep onu hatırlatıp durur insanlara... Bir yaşadığını adeta bin yapar.

Zehra, yeni şeyler öğrenmenin heyecanı içindeydi... Yaşlı nine sözlerini bir kimyacı havasında anlatmaya devam ediyordu...

"Bir kap düşün ve bu kabın adı *düşünce* olsun. Şimdi bir de suyu canlandır gözlerinde. Suyun adı ise *duygular* olsun. Suyu (duygularını), kabın (düşüncelerin) içine bıraktığında, yayılarak kabın şeklini aldığını göreceksin. Eğer düşüncelerinde, mutluluğun ve güzelliğin oluşturduğu bir kap resmi hayal edersen, o kabın içinde birikecek olan duyguların da, mutluluk ve güzellikle şekillenecektir."

Meryem nine bu sözlerinin ardından Zehra'ya, "Bana gelmeden önce ne düşünmüştün güzel kızım?" diye sordu.

Yüreğinden gelen ses hâlâ Zehra'nın kulağında çınlıyormuşçasına, "Bu durumdan kurtulmak için ne yapmam gerektiğini düşündüm, ama bulamadım. O yüzden, şu an sizin yanınızdayım. Sizin bana istediğim cevapların dışında, güç ve enerji vereceğinizi de düşündüm nineciğim" diyerek cevap verdi ninesine.

Bunun üzerine yaşlı nine usulca ayağa kalktı ve odanın en köşesinde duran yatağına doğru ilerledi. Sağ eliyle, yatağının başucunda duran, uzunca yastığının ucunu hafifçe kaldırdı ve altından birtakım kartlar aldı. Daha sonra Zehra'nın yanına gelerek bu kart destelerinin en üstte duranını ona doğru uzattı. Zehra kartını alıp okudu. Kartın üzerinde şunlar yazılıydı:

BİZ ALLAH'A SIKICA SARILMAZSAK, ŞEYTAN GELİP BİZE SARILIR!

OLUMLUNUN GÜCÜ

Yaşlı nine o kadar yumuşak yürekli ve gülümserdi ki, onun bu gülümsemesi konuştuğu her kelimeye sanki ayrı bir anlam katıyordu. Ağzından çıkan her kelime insanın yüreğini ısıtırcasına sıcacıktı. Sözlerine bu duygular içinde tekrar başladı.

"Biliyor musun Zehracığım, yanıma gelmeden önce içinde bulunduğun durumu fark ederek kendine 'Yaşamımı değiştirmek için ne yapmalıyım?' diye sorduğun an, mutluluğun adına en büyük adımı da atmış oldun zaten. Sen, sorunlarından kurtulmayı gerçekten istemiş ve mutlu olabileceğine inanmışsın. Mutlu olabileceğine inanmanın verdiği duygular ise seni, sorunlar yerine çözüm arayışına yönlendirmiş. Doğru olan da budur yavrum" dedi ve kısa bir soluğun ardından ekledi:

"Yalnızca güzel niyetler insan yaşamına güzel anlamlar katabilir. Eğer zihnin sana 'Bütün sorunlar neden sadece seni buluyor?' diye sorduğunda bu soruya odaklanıp kalsaydın, yanımda değil, birçok insanın yaptığı gibi kaderine küsmüş bir şekilde çaresizce düşünüyor olurdun. Zihnin tuzaklarından biridir bu... Sen ise yüreğine kulak vermişsin. İçinde bulunduğun durumu değiştirme gücüne sahip olduğunu fark ettiğin için şu an buradasın."

Sanki Zehra'nın tüm sorunlarının ana nedenini net bir şekilde açıklarcasına devam etti:

"Seni mutsuz eden duygular; yalnızlık,
Sevgisizlik, değersizlik, işe yaramazlık
Fikridir. Bu da özünün değil, zihnin
Sana hissettirdiği tuzak düşüncelerdir."

Zehra şaşkındı, başını öne eğerek düşünmeye başladı. Olumsuz düşünceler, bir insanın yüreğini nasıl oluyor da bu şekilde karartabiliyordu!

Üstelik içindeki gücü nasıl keşfedecekti. Peki ya zihni nasıl durduracaktı.

Aklından bu soruları geçirdikten sonra hafifçe başını kaldırdı ve ninesinin gözlerinin içine bakarak meraklı bir ifadeyle, "Peki bundan sonra ne yapacağım nineciğim?" diye sordu

Yaşlı nine hiçbir şey söylemedi, ama o an gözleri "Her sorunun mutlak bir çözümü vardır..." dercesine bakıyordu Zehra'ya. Işıl ışıldı gözleri...

Elinde bulunan kart destelerinden en üstte duranını diğerlerinden bir kez daha ayırdı ve Zehra'ya doğru uzattı. Zehra kartı aldıktan sonra merakla okudu.

Kartta şöyle yazıyordu:

OLUMSUZ OLANI BEN DÜŞÜNMÜYORUM.
BENİ DÜŞÜNDÜREN
ZİHİNDİR!

Yaşlı nine bir insanın ruhunun, beyninin, hücrelerinin, kısacası tüm bedeninin bağlı olduğu yerin, o insanın yüreği olduğuna inanıyordu. Çünkü orada Allah vardı. Allah ne göğe, ne arşa, ne de kürsiye sığmıştı. O mümin kullarının kalbindeydi. Meryem nine için; insanların yüreğiyle inanmadan kazandığı güç, sevgi ve başarı, çok kısa bir süre sonra anlamını yitirecekti. Çünkü sadece zihin ya da kurnazlıkla kazanılan hiçbir değer, gerçeklik taşımıyordu. Meryem nine Zehra'ya gerçek başarıyı ve mutluluğu yaşayabilmesi için yüreğinden-kalbinden söz etmek istiyordu.

Torununun meraklı bakışlarını süzdükten sonra sözlerine şu cümlelerle tekrar başladı:

YÜREĞİN GÜCÜ

"Senin çok kıymetli bir hazinen var Zehracığım! İşte orası kalbindir. Her insanda olan, fakat çoğu zaman fark edilemeyen hazinedir bir insanın yüreği. Arayıp da bulamadığımız tüm soruların cevabı, yüreğimizin derinliğinde gizlidir. Hatta birçok insan taşıdığı sevgiyi, yüreğinin karanlığına gömmüştür! Şimdi, o soruların cevaplarını birlikte senin yüreğinde arayacağız. Fakat şunu en başta söylemek istiyorum" dedikten sonra bir an duraksayıp kirpiklerini dahi kırpmadan Zehra'nın gözlerine dikkatlice baktı.

Zehra adeta işittiği her cümlenin, kapalı bir kilidi açan anahtar değerinde olduğuna inanarak dinliyordu ninesini...

Yaşlı nine gözlerini Zehra'nın gözbebeklerinden ayırmadan devam etti sözlerine:

"Sen, kendi yolunda ilerlerken ayağın bir engele takıldı
ve düştün.
İşte o an odaklanman gereken sorunlar değildir...
Sorunlarına çözüm bulmak için
olaya değil, daima arkasındaki
Rabb'imize bak. Çünkü O, adeta sorunun
Arkasında bekleyip senin kendisine
Sığınmanı bekleyecektir...
Bir insan yüreğindeki karanlığı,
yalnızca Allah'a sığınarak aydınlatabilir.
Bunu sakın unutma..."

Zehra, "Peki nineciğim, hayat hep problemlerle mi dolu olacak?" diye sordu...

Meryem nine, sözlerine kaldığı yerden devam etti:

"Yaşam yolunda her zaman engeller olacaktır. Üstelik her insan bu engellere takılıp düşebilir, önemli olan düştüğümüz zaman yerde kalıp söylenmek yerine, ayağa kalkıp yolumuza devam etmektir canım. *Eğer zaman zaman yere düşebileceğin fikrini kabullenirsen, hayat senin için hem daha anlamlı olacak, hem de kolay bir yaşam sürmeni sağlayacaktır. Bu, sevgi yoluna giderken bilmen gereken önemli bir kuraldır.*"

Zehra'nın yüzü yavaş yavaş gülmeye başlamıştı, ama bir yandan da aklında soru işaretleri vardı hâlâ. Ninesine, "Sevgi yolu dediniz, daha önce de yüreğimle baktığımı söylemiştiniz nineciğim. Bana bunları da anlatacak mısınız?" diye sorduğunda, heyecan ve coşku bir aradaydı ses tonunda Zehra'nın...

"Tabii ki, zamanı gelince anlatacağım; fakat sevgi yoluna çıkmadan önce hayata yüreğinle bakmayı öğrenmen gerekir yavrum. İnsanların farkında olmadan kendi yollarına koydukları bazı engeller vardır. Önce bu engelleri, daha sonra da o engelleri nasıl aşacağımızı anlatacağım sana. *Çünkü hiç kimse, kendi yüreğine koyduğu engeli kaldırmadan mutluluğa erişemez!*" diyerek cevap verdi yaşlı nine.

Bu sözler üzerine Zehra'nın heyecanı artmaya başlamıştı, hatta bu heyecan kısa bir süre de tüm bedenini sarmıştı neredeyse. "Peki, nineciğim söz veriyorum. Bu yol benim yolum ve önce ayağa kalkacağım, sonra da hızla koşacağım sevgiye doğru!" diyerek haykırdı sevinç çığlıklarıyla.

Az önce odayı saran negatif dalgaların yerini, sevinç çığlıkları doldurmuştu bir anda. Bir kıvılcım ateşlenmişti o an Zehra'nın içinde. Yüreğini keşfetmek, onun sıcaklığıyla ısınmak ve aradığı soruların cevabını bulabilmek için sabırsızlanıyordu adeta.

Zehra bu duygular içinde, "Nineciğim, bana yüreğimden biraz söz eder misiniz?" diye sordu hiç vakit geçirmeden.

Meryem nine, Zehra'nın kendi yüreğini keşfetme vaktinin geldiğine inanıyordu artık. Zehra'nın kendisine dikkat kesilmesini hissettikten sonra o şefkatli sesinin tınlamasıyla devam etti sözlerine:

"Bana gelmeden önce seni çözüme odaklayan o sihirli soruyu hatırlıyor musun Zehracığım?"

"Tabii nineciğim, 'Yaşamımı değiştirmek için ne yapmalıyım?' diye sormuştum kendime."

"İşte, o soruyu sana yüreğin gönderdi! Hatta bana gelmek, benden bilgi almak için seni hareketlendiren de yüreğinden gelen bir sesti! Sen, çok üzgün ve düşünceli olduğun zamanlarda o hep senin yanındaydı! Uyurken bile seni bir an olsun yalnız bırakmadı. Adeta, başında nöbet tutan bir askermiş gibi yerine getirmek üzere senin emir ve seçimlerini bekledi her zaman. Sen ne istediysen yüreğin sana onu vermeye çalıştı. Üstelik senden fazla bir beklentisi de yoktu." Yaşlı nine tam cümlesini bitirmek üzereydi ki birden Zehra'ya doğru eğildi ve kulağına:

"Tek istediği şey
onu keşfedip, varlığını sürekli hissetmen ve
ona
dokunabilmendi..."

dediğinde, sanki önemli bir detayı fısıldıyordu...

SEÇİM HAKKI

Genç kız iyice şaşırmaya başlamıştı duydukları karşısında. Heyecan ve coşku yeniden bir aradaydı o küçük bedenindeki kocaman yüreğinde... Zehra kendinden emin olmayan bir ses tonu ile "Mutsuz olmayı da ben mi istedim nineciğim?" diye sorduğunda,

"Unutma", dedi ninesi. "Sen ne hissetmek istediysen yüreğin sana o duyguyu hissettirdi. Kendi dünyandasın ve bu yol senin yolun. Yolunda dikenli çiçekler de olacak, rengârenk sevgi bahçeleri de. Tıpkı, zorlukların ve mutlulukların yaşamımızda olduğu gibi! Sen hangisini görmek istiyorsan, yüreğin sana görmek istediklerini verecektir. Biliyorsun ki o, senin emrinde olan bir asker gibi sürekli hazır durumda, senin seçimlerini yerine getirmeye çalışıyor."

"O halde yaşamımdaki seçim ve kararlar bana ait öyle mi?" dedi Zehra.

"Evet yavrum. Her zaman da öyleydi zaten."

Meryem nine tüm insanlığa hitap edercesine, "*Mutlu ve mutsuz olmayı bizler seçeriz. Yaşamımızda ne kadar çevresel etkenler de olsa bu hayat bizim hayatımız. O dış etkenleri kendi dünyamıza katan da bizleriz çünkü...*" dedi ve devam etti sözlerine:

"Allah Kuran-ı Kerim'de Nisa Suresi 79'da buna yer vermiştir Zehracığım. Rabbimiz der ki: 'Sana ne iyilik gelirse Allah'tandır. Sana ne kötülük gelirse kendindendir.'

Geçmişteki seçimlerimizin sonucu bugünümüzü, bu şekilde yaşıyoruz. Mutlu ya da mutsuzuz. Eğer mutsuzsak, bundan sonra geçmişteki seçimlerimizi bugünümüze taşımamamız gerekecek; çünkü bugünkü seçimlerimiz de yarınımızı belirleyecektir.

İnsanlar zaman zaman hata yapabilirler, bu çok doğaldır. Çünkü hatasız olan sadece Allah'tır. Önemli olan o hatadan ders alıp aynı hataya tekrar düşmemektir. Hatta bazen biz yolumuzda sakince yürürken önümüze bir tümsek, engel çıktığında geriye doğru birkaç adım atarız; fakat attığımız bu geri adım, hata ya da başarısızlık değildir hiçbir zaman.

Tam aksine o engeli aşmak için birkaç adım geriye doğru gitmemiz, engelin üzerinden daha rahat bir şekilde atlamamızı sağlar. Tıpkı atletizmde sırıkla uzun atlama yapan sporcuların yaptığı gibi. Hatırlıyor musun, bir gün seninle televizyonda görmüştük ve sen insanlar o kadar yükseğe nasıl zıplayabiliyor diye çok şaşırmıştın. Sporcu atlet çıtanın üzerinden atlamak ve o çıtayı düşürmemek için onlarca metre geri adım atıyor, daha sonra koşuyor ve elindeki sırığı ile yerden güç alıp zıplıyordu.

Sporcu atlet, eğer birkaç metre geriye gitmeden çıtanın altında durup zıplamaya çalışsaydı, kendisini başarıya götürecek büyük sıçramasını asla gerçekleştiremezdi!

Bizler yaptığımız hatalar ile bugüne geldik canım. Aslında hayat denen şey de bir anlamda seçimlerimizin sonucudur. Geçmişimiz ve hatalarımız her zaman için bizim seçimlerimizdi çünkü. Onlar bizim yaşamımızdan bir sahne, bir bölümdü aslında ve bize şimdiye kadar olumlu ya da olumsuz çok şey kattılar.

Bu gerçeği kabullenmeliyiz Zehracığım ve bu gerçeklerden edindiğimiz farkındalıklar ile tecrübe kazandığımızı da hiçbir zaman unutmamalıyız.

Yüreği ile hayata bakan ender insanlar sevgi yoluna eriştiklerinde, bu gerçeği kabullenerek hayatlarına hep güzel anlamlar katmışlardır."

Yaşlı nine sözlerine kısa bir ara verdi ve sırası ile dizilmiş kartlardan en üstte duranını Zehra'nın meraklı bakışlarının arasında kendisine doğru uzattı. Zehra, heyecanla kartı aldı ve okumaya başladı.

Kartta şu sözler yazılıydı:

ZORLUKLAR YAŞAM YOLUNDAKİ BİR SINAV; HATALAR İSE BU SINAVLARDAN ALINACAK EN GÜZEL DERSLERDİR.

Zehra, kartın üzerindekileri okuduktan sonra yazılanları kısık bir şekilde tekrarladı. "Zorluklar yaşam yolundaki bir sınav; hatalar ise bu sınavlardan alınacak en güzel derslerdir."

"Evet" dedi yaşlı nine.

Sonrasında sözlerine, "Bütün eylemlerimiz kendimizi iyi hissetmek içindir yavrum" diyerek devam etti...

ANI YAŞAMAK

Yaşlı nine nefes almak için duraksadığında, Zehra'nın yüzünün "Durma, lütfen anlat!" der gibi bir hal aldığını gördü ve sözlerine devam etti.

"Ne şekilde olursa olsun, bugüne kadar yaşanılan olumsuz her duygu geride kaldı. Şimdi bugün, yaşadığımız ilahi an var güzel kızım. Eğer sürekli geçmişimizi anımsayıp ona bağımlı kalırsak, bugünü yaşayamayız ve nefesimizi hissettiğimiz bu güzel andan çok şey kaçırırız yavrum. Geçmişi ya da bulunduğun anı yaşamak bir seçimdir ve bu seçim hakkı da her zaman bizimdir. Şunu hiçbir zaman unutma:

Bizler ancak geçmişimizi ve hatalarımızı kabullendiğimiz ve geride bırakabilmeyi öğrendiğimiz sürece huzuru ve şimdiki bu ilahi anı yaşayabileceğiz.

Kendimizi iyi hissetmek istiyorsak eğer; geçmişe pişmanlık, geleceğe de kaygı duymadan bakmalıyız hayata. Dünyadaki hiçbir güç bir insana, birkaç saniye öncesini geri getiremez ve yine dünyadaki hiçbir güç yarını kontrol etmek adına sana garanti veremez! Geçmiş, adı üzerinde geçmiştir. Ama onu sana sürekli hatırlatan da şeytandır. Adeta vesvese halinde yaşadıklarını tekrar tekrar önüne getirir. Bu yüzden zihnin seni geçmişe getirdiğinde ona de ki, ben sana takılı kalmıyorum artık, Allah'a sığındım ve Rabbim beni senden koruyacaktır. O kullarına çok şefkatli olandır...

Çoğu insan farkında değildir, ama yaşadığımız şu an Rabbimiz tarafından bize verilmiş çok değerli bir hediyedir aslında. Üstelik o hediyenin içinde seni mutlu edecek ve yaşamına anlam katacak sürprizler de vardır.

Ama bunu görebilmek için önce o hediyeye ulaşabileceğimize inanmak gerekiyor. Hediyeyi fark etmek için de, önce yaşadığımız anı hissetmeliyiz."

Yaşlı ninenin bu son cümlesi üzerine Zehra, kendisini saklı bir hazinenin peşinde koşar hissedercesine, "Nineciğim, o hediyenin içinde ne gibi sürprizler var?" diye sorduğunda, "O sürprizleri ancak anı yaşayarak fark edebileceksin" diye yanıtladı yaşlı nine ve ardından devam etti. "Eğer bulunduğun anı yaşamayı fark etmek istiyorsan yüreğine hafifçe şöyle fısılda: *Az sonra muhteşem şeyler olacak*. İşte o an yüreğine sıcacık duygularla dokunmuş olacaksın!

Yüreğinin senden istediği tek şey de buydu zaten, hatırladın mı? Ona dokunabilmen!

Ve yüreğin, senin bu isteğin karşısında hemen harekete geçerek, gün içinde sana muhteşem duygular yaşatacak. Sen de bunları rahatlıkla görebileceksin.

Çünkü:

Yüreğine dokunduğun an, kendini keşfetmiş olacaksın...

En büyük zenginliğimiz; yüreğimizi fark edebilmemizdir canım. Bir insanın yüreğini fark edemeyip ona dokunamaması ise, yüzlerce dönümlük verimli bir tarlaya sahip olup da onu ekip biçmeden yoksulluktan isyan etmeye benzer."

Yaşlı ninenin bu sözleri üzerine; Zehra'nın zihnindeki şaşkınlık ve merak duyguları birbirine karışsa da, yavaş yavaş bir şeylerin farkına da varmaya başlamıştı artık. En azından hayatın, zorluklarla ve mutlulukla birlikte devam edeceğini biliyordu. İçi çok rahattı bu yüzden. Bilinen her şey kolaydı çünkü...

MUTLULUĞUN ADRESİ

Aklındaki bu karışıklığı bir an önce çözmek isteyen Zehra, ninesine hesap soran bir ses tonu ile "Peki, neden zorluklar mutluluktan daha çok karşıma çıkıyor, bu haksızlık değil mi sizce? Sonuçta mutsuz olmayı ben seçmiyorum, öyle değil mi?" diye sordu.

Yaşlı nine, sallanan koltuğuna biraz daha yasladı sırtını ve gülümseyerek, "Bu duyguyu sadece sen yaşamıyorsun Zehracığım. Birçok insan senin gibi bu duygular ve karamsarlık sonucu oluşan olumsuz sorular içinde yaşamlarına devam ediyorlar. Mutsuzluğu tabii ki bilinçli olarak seçmez insanlar, ama mutlu olmak adına da kendilerine çok fazla sebep bulmazlar, öyle değil mi?" dedi.

Zehra düşünmeye başladı. Ninesi ne demek istemişti bu soruyla kendisine...

Meryem nine, Zehra'nın aklına takılan soruyu önceden sezerek, "Kendini nasıl hissediyorsun?" diye sordu.

Zehra, "Şimdilik bir sorunum yok nineciğim" diye cevap verdiğinde, Meryem nine hafifçe gülümseyerek Zehra'ya şöyle dedi:

"İnsanlar düşünceleriyle kendilerini mutsuz olacaklarına odaklarlar ve böylece kendilerini mutsuzluğa taşıyan yüzlerce sebep üretirler. Bunu da çoğu zaman farkında olmadan yaparlar."

"Nasıl sebepler bunlar nine?"

"Örneğin, birçok insan az önce sana sorduğum gibi 'Kendini nasıl hissediyorsun?' diye sorulduğunda, senin verdiğin yanıt gibi 'Şimdilik sorun yok ya da şimdilik iyiyim' diyerek cevap verirler. Bu sözler sayesinde insanlar, birazdan sorunlar yaşayacaklarına ve mutsuz olacaklarına kendilerini fark etmeden inandırmış olurlar. Bunun niyetine girerler. Bir de trafikte fazla beklediğinde insanlar mutsuz olmaya başlarlar ve bu mutsuzluk bazen bütün gün sürer. Buna hiç dikkat ettin mi canım?"

"Tabii ki nineciğim. Dün otobüsle eve gelmek isterken bu sıkıntıyı yaşadım ben."

"Peki, daha önceki günlerde trafik açık olduğunda, trafik açık diye bütün günü mutlu geçen bir insan gördün mü?"

"Görmedim!"

"Çünkü insanlar, bunu olağan bir durum olarak gördükleri için mutluluk hissine kapılmazlar, tıpkı nefes almak gibi..."

"Nefes almak mı nineciğim?"

"Evet yavrum. Yaşıyoruz ama yaşadığımızı unutuyoruz. Nefes alıyoruz sürekli, ama grip olup burnumuz tıkanana kadar bunun farkında değiliz. Ellerimiz kalem tutuyor yazıyoruz, gözlerimiz gazete okuyabiliyor, ama bunları ancak bu yetimizi kaybettiğimizde anlayabiliyoruz... Oysa insan sürekli tefekkür içinde olmalı, yani derin düşünce... Her şeyin Allah'ın bir lütfu olduğunu, Allah'ın izni ile, O'nun iradesi ile hareket edebildiğimizi de sürekli düşünmeliyiz. Asıl farkındalık budur güzel kızım. *Biz Allah'ı her fırsatta analım ki O da bizi ansın*.

Bir anne odasını toplamaya fırsat bulamadığında çocuğuna kızabilir, ama çocuğu odasını genelde toplu tutuyorsa bunun için kendisini mutlu hissetmez. İstediği bir şey yolunda gitmediyse mutsuz olmayı seçer insanlar, ama istedikleri bir şey yolunda gitse de mutlu olduklarını fark edemezler bile.

O an mutlu olsalar da, çok kısa süre sonra mutsuz olmaları adına kendilerine yeni bir sebep bulurlar."

Meryem nine bu sözlerinin ardından duraksayarak Zehra'yı dikkatlice süzdü. O an Zehra, ninesinin bu bakışlarının ardından gelecek sözlerin çok önemli olduğunu anlıyordu sanki. Derin bir nefes alarak ciğerlerini taze havayla doldurmaya başladı. Nefesini dengelediğinde ise birazdan duyacaklarına da hazırdı artık. Meryem nine Zehra'nın yüz ifadesinde "Söyleyeceklerine artık hazırım" dercesine bir ifade olduğunu sezince, kaldığı yerden tekrar devam etti.

"Çünkü mutluluk, insanın ayağını adeta yerden kesercesine güçlü bir duygudur ve insanlar mutluyken kendilerini bir rüyadaymış gibi hissederler. Acı ise, insana nefes aldığını, yaşadığını, her an var olduğunu hissettirir. İnsan, doğası gereği yarına kalmak için yaşar ve acının verdiği duygular; insana hayatta var olduğu hissini verir.

Bu yüzden insan, kendisini farkında olmadan acıya bağlı kılar. Çoğu insanın zihninde "Sorunlar biterse yaşam da biter" düşüncesi vardır. İnsanların farkında olmadan beslediği bu düşünce sonucu, mutlu olmak adına öne sürdükleri sebepler, mutsuzluk adına buldukları sebeplerden daha az olur. Böyle olunca da mutsuzluk daha fazla hissedilir."

Yaşlı ninenin bu sözlerinden sonra odaya kısa bir sessizlik hâkim oldu. Zehra, ninesinden gelecek bilgece sözleri her ne kadar hazır durumda bekliyor olsa da, o an tüm organları buz kesmişti sanki. Fakat ninesinin birazdan söyleyecekleri, o buz'un tam ortasına isabet eden ateş topu gibi sıcak anlamlar taşıyordu.

Meryem nine çok net bir şekilde dedi ki: "İnsanların, mutlu olmak için odaklandıkları noktalar, çevrelerindeki insanların davranışlarıdır. Oysa bizi mutluluğa götürecek tek adres vardır:

MUTLULUĞUN ADRESİNİ İNSANLAR HEP
UZAKLARDA ARAMIŞLARDIR
OYSA O ADRESİN YERİ SICACIK YÜREĞİMİZDİR.

Çoğu insan mutlu olmak için sanki birilerinden mutluluğa davet edilecekmiş hissi ile sadece beklemeyi seçer. Ama hiç kimse gelip de bize üzerinde 'Mutluluğa davetlisiniz!' yazılı bir davetiye getirmeyecektir.

Mutluluk, zaten içimizde gizlidir. O, her zaman yüreğimizde sakladığımız sıcacık bir duygudur; fakat saklı kaldığı zaman yaşamımıza bir anlam katamaz. Onu yüreğimizde gizleyen biz olduğumuza göre, gizlediğimiz yerden çıkaracak olan da yine bizleriz.

İnsanların yanılgısı, farkında olmayıp çoğu zaman kendilerinden mutsuzluk istemesi olmuştur. Mutsuz ve huzursuz olacaklarını o kadar çok düşünürler ki, bu düşünceyi sürekli yüreklerine kazırlar ve o an kendilerine olumsuz bir dünya yaratmış olurlar."

Meryem nine durdu ve ardından Zehra'nın gözbebeklerini içine dikkat kesilerek:

"İNSANLARIN DÜNYALARI DÜŞLEDİKLERİ GİBİDİR VE DÜŞLERİMİZ YAŞAMIMIZA GERÇEĞİMİZ OLARAK YANSIRLAR."

Sözleri sanki bir nutuk havasındaydı.

"Hz. Mevlana ne güzel de söylemiş güzel kızım: Gül düşünürsün gülistanlık olursun. Diken düşünürsün dikenlik olursun. Ne düşünüyorsan sen o'sun."

Zehra, ninesinin karşısında çok mutlu gözüküyordu. Sanki aradığı cevapları yavaş yavaş buluyor gibiydi. O an, Meryem nine gibi bir varlığı tanımış olduğu için ne kadar şanslı olduğunu hissetmişti.

Yaşlı nine Zehra'ya, biraz temiz hava alması için dışarıya çıkıp daha başka günlerde yine sohbetlerine devam etmelerini önerdiyse de, Zehra o kadar meraklı ve heyecanlıydı ki bu teklifi kabul etmedi. "Lütfen nineciğim..." dedi. "Lütfen devam edelim şimdi. Yarını beklemek istemiyorum. Bugün öğrendiklerimle yarınımı ve bundan sonraki günlerimi hep dolu dolu, mutlu olarak geçirmek istiyorum."

Yaşlı nine için de sorun yoktu aslında. O, paylaştıkça mutluydu.

"Peki o halde" dedi yaşlı nine ve ardından kısa bir hikâye anlatmak için devam etti sözlerine...

İNANMANIN GÜCÜ

Bir zamanlar Ayşe isminde genç ve güzel bir kız çocuğu varmış. Ayşe, genç ve güzel olduğu kadar da akıllı, zeki ve mutlu bir kızmış. Fakat Ayşe'nin bu olumlu yaşantısını gören arkadaşları onu çok kıskanırmış. Ayşe'yi her gördüklerinde moralini bozmak için ellerinden geleni yapar ona ne kadar çirkin, beceriksiz ve mutsuz bir kız olduğunu söylerlermiş. Zamanla Ayşe, kendisini çok güzel, akıllı ve mutlu hissetmesine rağmen, arkadaşlarının ona söyledikleri bu sözlere inanmaya başlamış. Ayşe, bu sözleri her gün kulağında çınlarmışçasına hissettikçe, kısa bir süre sonra kendisini değersiz bulmaya başlamış.

Daha önce kendisine söylediği "Ben mutluyum, ben değerliyim" gibi sözlerin yerini "Ben mutsuzum, değersizim, işe yaramazım" gibi olumsuz sözler almış ve bu olumsuz sözler kısa bir süre sonra Ayşe'yi büyük bir çıkmaza sokmuş. Kendisini mutsuz olacağına öyle çok inandırmış ki, bu inancı sayesinde, yaşamı ona istediği hayatı sunmakta hiç gecikmemiş! Böylece çevresinde bulunan bu yabani otlar, Ayşe bir çiçek olarak açmak isterken, onu da kendileri gibi bir yabani ota çevirip istediklerini elde etmişler.

Evet, güzel kızım. Bir insan yüreğini neye inandırırsa, yüreğinin vereceği duygularda o inanca bağlı olarak gelişecektir. Kendine güzel bir dünya oluşturmak istiyorsan, her zaman güzel düşünmeli ve buna inanarak beklemelisin. Şunu asla unutma ki:

Bir insan, sadece güzel şeylere niyet ederse güzel olanı yaşayabilir."

Yaşlı nine bu kısa hikâyeden sonra duraksayıp elinde bulunan destelerden en üstte olanını Zehra'ya uzattı. Zehra kartı okuduğunda şu sözleri tekrarladı:

"Mutsuz insanlar niyetsiz, bir yola arzu ederek çıkan insanlardır!"

Zehra, ninesinin anlattığı bu hikâyeden ve kartın üzerinde yazılı olan sözlerden çıkarılacak dersler olduğunu anlayarak ninesine, "Peki, karanlıklara gömdüğüm mutluluğu nasıl çıkaracağım tekrar gün ışığına?" diye sordu bu kez.

Meryem nine daha önce kendi yüreğine defalarca dokunmuştu. Şimdi bu heyecanı torununa yaşatmak istiyordu ve paylaşmanın vermiş olduğu heyecanla anlatmaya başladı.

"Mutluluğu hissetmek ve onu istediğin an doya doya yaşamak istiyorsan, Rabbimize el açıp seslenmen ve gerisini O'na bırakman yeterlidir.

Allah'a şöyle dua et yavrum: *Çoğu zaman sadece işim düştüğünde el açtığım ve beni huzura kavuşturacak olan merhamet edenlerin en merhametlisi, rahman olan Rabbim. Biliyorum ki sen şu an buradasın, yüreğimde... Ve sana seslenmemi bekliyorsun. Her an her saniye duayı kabul etmek için bekliyorsun.*

Bize olan sevgin koşulsuzca... Hem de seni çoğu zaman hissetmeyişime rağmen...

İşte sesleniyorum tüm kalbimle sana. Benim güneşim sensin. Benim ışığım sensin, benim yol göstericim sensin. Beni istediğim her an, sıcacık duygularla ısıtacağını biliyorum.

İçimde beni ısıtacak bir güneş'imin olması, çaresiz durumlarda her an bir çare bulacak Rabbimi hissetmek harika bir duygu!

Aradığım her şeyin bende saklı olduğunu hissetmek...

Bundan sonra benim için yaşam demek, sen demek Allahım. Senin gücünü hissetmek bütün bedenimi titretiyor. Bugüne kadar nasıl da ayrı gibi yaşamışım seninle, ama artık hepsi geride kaldı. Tıpkı geçmişin her saniye geride kaldığı gibi... Niyet ediyorum Allahım ve sana bırakıyorum. Ben sadece dua ediyorum ve diyorum ki gerisini Rabbim bilir.

Evet, güzel kızım artık mutluluğu beklemeden işlerine bak. Her şeyin bir zamanı olduğunu unutma. Rabbimiz senin için en uygun olanı, en uygun zamanda verecektir inşAllah. Bundan sonra tek yapman gereken her başın sıkıştığında O'na seslenmek olacak. Unutma, sen Rabbimize niyet ederek yaklaştığın sürece O seni mağdur bırakmaz. Çünkü niyet Allah'a uzanan kutsal bir yoldur."

Zehra heyecanla yutkunuyordu. Gözleri bir boşluğa dalmıştı o an. Meryem nine hayatına olumlu anlamlar katabilmesi için mesajlar vermeye başladığı an, Zehra birden irkilerek kendine geldi.

"SEN,
OLMAYI HAYAL ETTİĞİN
SENSİN!"

Bu son cümlesinin ardından hiç vakit kaybetmeden, "Konuşmamızın başında benden güç ve enerji alabileceğini düşündüğünü söylemiştin, hatırlıyor musun yavrum?" diye sordu yaşlı nine.

"Evet, hatırlıyorum nineciğim" diyerek cevap verdi Zehra.

Yaşlı nine, Zehra'nın sevgi dolu bakışlarının arasında adeta o rahmani sözlerine devam etti.

"Beklediğin güç ve enerjiyi ne ben, ne de bir başkası gerçek anlamda sana verebilir canım; çünkü o güç senin içindedir her zaman. Kaynak insandır, öfke de insanın içinden çıkar, sevgi de. Sadece içine dön hissedeceksin.

Eğer mutlu ve pozitif bir insan olmak istiyorsan, bunu önce kendi içinde hissetmelisin. Olmak istediğin her neyse onu gerçekten tüm kalbinle benimsemelisin. Kendini buna inandırmalısın ki, yaşamak istediklerine kavuşabilesin. *Sen Allah'tan umut kesme ki O da senden kesmesin. Unutma Allah kulunun zannı üzerinedir bir tanem.*

Eğer 'Benim Rabbim bana yeter, O bana mutlaka doğru yolu gösterir' düşüncesi ile yaklaşırsan Rabbim sana nice hayırlı kapılar açar."

Zehra ninesini dinlerken, söylediği her sözü sanki yüreğine yazarak not alıyordu. Tam o sırada Meryem nine gülümsedi ve...

ZORLUĞU BENİMSEMEK

Zehra'nın dudağının kenarında bulunan, küçücük siyah ben izini parmağıyla göstererek "Zehracığım, bak burnunun kenarında bir kalem izi var" dedi.

Zehra bunun üzerine gülümseyerek, "Yok nineciğim, o benim bebekliğimden bu yana var olan bir iz, ben izi o, hiç kalem izi olur mu?" diye cevap verdi.

Ninesi ısrarla "O kalem izi" dese de, Zehra buna asla inanmadı; çünkü o, dudağının kenarında bulunun izin ben izi olduğuna tüm yüreği ile inanmıştı.

Bunun üzerine Meryem nine Zehra'ya şöyle dedi:

"Az önce sana burnunun üzerinde bir kalem izi var dediğimde bana nasıl da güldün değil mi? Çünkü sen onun bir kalem izi olmadığına o kadar çok inanıp kabullenmiştin ki, ben sana bu bir kalem izi dediğimde bana inanmayıp gülmeye başladın.

İşte, yaşamın boyunca karşına çıkacak olan zorlukları da hayatının bir parçası olduğuna inanarak, tüm yüreğinle kabullendiğinde ve her zorluğun arkasında adeta sığınacak bir liman olarak Allah'ı hissettiğinde, bana güldüğün gibi o zorluklara da gülüp geçeceksin."

Zehra yeni bir şeyleri öğrenmenin, üstelik Rabb'ine daha yakın olabilmenin heyecanı içinde "Haklısınız nineciğim" dedi. Ardından ninesine kısa bir süre için yalnız kalmak istediğini söyledi ve odasına çekildi; çünkü öğrendiklerini düşünüp içselleştirmesi gerekiyordu Zehra'nın.

Yatağının üzerine oturduğunda çoktan düşünmeye başlamıştı bile. Ninesi çok haklıydı.

"Bugüne kadar ben bunu neden düşünemedim?" diye sordu kendi kendine. Ama hiçbir şey için geç kalınmış değildi ve yaşam yeni başlıyordu onun için. Üstelik ninesinden öğreneceği daha çok şey vardı.

"*Benim Rabbim bana yeter, O bana mutlaka doğru yolu gösterir...* Bunu gün içinde onlarca kez söylemeliyim."

Bu aynı zamanda bir ayetti. Allah Şuara 78'de kullarına adeta bu ayet ile umut kapılarını açıyordu.

Üstelik Zehra'nın yaşam kılavuzu olmuştu bu ayet. Zihnine kulak vererek bütün gün yaşadığı olumsuzlukları düşüneceğine ayete kulak verecekti artık. Genç kız yaşamındaki olumlu ve büyük değişim için ikinci adımı da atmış oluyordu sevgi yoluna doğru.

Zehra artık eskisi gibi her şeyi zamana bırakmamayı düşünüyordu; çünkü *zamanın zamanı* olmadığını fark etmeye başlamıştı. "*Şimdiki anı yaşamalıyım*" diyerek kendisine daha güzel enerjiler dolu bir dünyanın kapılarını açıyordu.

Daha sonra mutlu olmak için çok fazla sebep bulacağına dair kendisine söz verdi ve yüreğinin derinliğinde saklamış olduğu mutluluğu, aydınlığa çıkarma kararı aldı. Zehra bu kararı aldığı an, bugüne kadar aramış olduğu mutluluğun uzaklarda değil çok yakınında, kendi içinde saklı olduğunu da iyice hissetmeye başlamıştı.

Seçimini, bulunduğu anı yaşayarak ve geçmişten sadece yaşadığı güzel duyguları bugününe katmak için kullanacaktı. "*Hayat gerçekten de zor; ama ben hayatı zorluğu ile kabulleniyorum ve yaşamayı çok seviyorum. Bu hayat bana Rabbimin bir lütfu!*" diye sevinçle haykırdığında, odasının içinde sesi yankılanıyordu adeta. Çok rahatlamıştı Zehra. Bu ufacık his bile onu o kadar çok mutlu etmişti ki, sanki gözlerini yeniden açıyordu hayata...

Bir an önce eyleme geçmek istiyordu artık. Mutlu olmak için daha az sebebe ihtiyacı olduğunu düşünmek bile büyük bir heyecan katmıştı duygularına. Şimdi, kendi düşünce ve davranışlarının kontrolünü eline alma zamanıydı.

Düşünmeye başladı ve birden oturduğu yatağından fırlayarak soluğu yeniden ninesinin yanında aldı.

SORUMLULUK

Zehra tekrar odaya girdiğinde ninesi ile göz göze geldi. O kadar heyecanlıydı ki, ninesine doğru yürürken, henüz ayakta başlamıştı sorularını sormaya.

"Nineciğim, aklıma takılan bir şeyler daha var aslında. Bu söylediklerinizi uygulamam için kendi düşünce ve duygularımı da kontrol etmeyi öğrenmem gerekiyor sanırım" dedikten sonra yerine oturdu.

Ninesi gülümseyerek karşıladı Zehra'yı.

"Haklısın kızım. *Bugüne kadar seni sen yapan düşünce ve duygularındı, bundan sonra da düşünce ve duyguların olacak.* O düşünce ve duygular, sen mutlu olmayı istediğin sürece, seni mutlu etmek adına davranışlar sergileyecekler" dedi ve devam etti sözlerine.

"Bugüne kadar bizi en çok üzen şeylerden bir tanesi de, insanların düşünceleri ile bizim düşüncelerimizin çoğu zaman uyum sağlamamasıydı. Çünkü insanlar kendi fikirlerinin onaylanmasını isterler. Bildikleri kendileri için en doğru olanıdır.

Oysa doğru veya yanlış yoktur. İyi veya kötü de yoktur. Sadece rahmani ve şeytani olan vardır! Bugün doğru bildiklerimize yarın farklı bakabiliyoruz. İyi ve kötü her zaman yer değişebilir. Çünkü bunlar zihnin kattığı anlamlardır. Düşünceler ise her zaman değişkendir...

Düşünce ve davranışlarını kontrol etmek istiyorsan ilkönce insanları olduğu gibi kabul etme fikrini de benimsemen gerekecek.

İnsanları anlamak için, onların almış olduğu kararların, kendileri adına alınmış en doğru karar olduğunu hiçbir zaman unutma yavrum. O an kendini kötü hissedersen şöyle de: *Vardır bir bildiği*. Çünkü kendi bildiğimiz doğruyu savunduğumuz sürece, karşımızdaki insandan tepki alma olasılığı doğacaktır.

Haklı olduğunu sen biliyorsun, sağ tarafındaki meleğin de biliyor, Rabbimiz zaten her şeyi en iyi gören ve bilendir. O da biliyor. Demek ki haklı olmak isteyen nefsimizdir yavrum öyle değil mi? Nefsi bir kenara koy kendi bedeninden çıkar ve ona de ki, seni tatmin etmeyeceğim!..

Eğer başkalarını değiştirmeyi ya da onların sorumluluklarını üstlenmeyi bırakırsan, hem üzerindeki yük azalacak, hem de kendi duygularının kontrolünü yavaş yavaş eline almaya başlamış olacaksın."

Yaşlı ninenin bu sözleri üzerine, "Peki, bu sorumluluklar nedir, onları nasıl üstlenebilirim nineciğim?" diye sordu Zehra merak içinde.

Meryem nine Zehra'ya, farkında olmadan üzerine aldığı yüklerin ve buna bağlı sebepsiz yorgunlukların nedenlerini anlatmadan önce iki adet kart verdi.

Zehra kartları meraklı bir şekilde okudu:

KENDİ SORUMLULUĞUNU ÜSTLENDİĞİN ZAMAN
HAYAT DA KOLAYLAŞIR.
HAKLI OLMAYA ÇALIŞMAYI
BIRAKTIĞIMDA DAHA AZ
YORULDUĞUMU
HİSSEDİYORUM...

Ve bir ağızdan tekrarladılar. "Kendi sorumluluğumu üstlendiğim zaman hayat da kolaylaşır. Haklı olmaya çalışmayı bıraktığımda daha az yorulduğumu hissediyorum."

Zehra, yaşlı nineyi dinlemekten sıkılmıyor, tam tersi bundan büyük bir haz alıyordu.

Yaşlı nine devam etti sözlerine.

"Sen gereksiz sorumlulukları üstlendiğinin farkında değildin zaten güzel kızım. Farkında olsan, bile bile kendini üzmezdin bu kadar. *Artık biliyorsun ki; Kendi sorumluluğunu üstlendiğin zaman hayat da kolaylaşacak.* Ne yazık ki çoğu insan, başkalarının duygu ve davranışlarından kendilerini sorumlu hissediyor.

Sorumluluklarını aldığı insanların sıkıntıları da zamanla kendi sırtlarında büyük bir yük oluşturuyor. Böylece o insanın yerine kendisi mücadele ederek çırpınmış oluyor. Bunun sonucunda da insanlar hem çok yoruluyor, hem de mutsuzluk hissine kapılıyorlar.

Örneğin; insanların işlerine karıştığında hem onların haklarına saygı göstermemiş, hem de o insanların sorumluluklarını farkında olmadan kendi üzerine almış olursun. Bir başkasının adına seçim yaptığında ise, o kişinin sorumluluğunu üstlenmemiz bizi fazlası ile yorar. Sorumluluk, sadece kendi davranışlarımızdan oluşan sonuçlara sahip çıkmamızdır. Ve artık biliyorsun ki; her insanın hayatı kendine özeldir ve seçim hakkı, insanların kendilerine aittir."

Meryem nine bu sözlerden sonra bir kart daha verdi Zehra'ya. Bu kartlar, Zehra'nın, kilitli kapılarının ardına sakladığı huzurunu açmak için, özel hazırlanmış sihirli anahtarlar gibiydi sanki:

İNSANLARIN ÖĞRENME SÜRECİ,
KENDİ SORUMLULUĞUNU
ÜSTLENDİĞİ ZAMAN BAŞLAR.

"Yani, yalnızca kendi sorumluluğumu üstlenmem, yaşamımda rahat ve huzuru yakalayabilmem için bu kadar önemli öyle mi?" diye sordu Zehra kartı okuduktan sonra.

"Kesinlikle" diye yanıtladı yaşlı nine ve ardından ekledi: "Çok sevdiğim bir hikâye var Zehracığım. Bu hikâyeyi yıllar önce okuduğumda çok etkilenmiştim.

Hikâyeden sonra kendime karşı duyduğum düşüncelerimde çok güzel gelişmeler olmuştu. Şimdi bu hikâyeyi sana anlatarak bir kez daha o günleri yaşamış olacağım!"

Zehra'nın heyecan ve meraklı bakışları arasında yaşlı nine hikâyeyi anlatmaya başladı,

"Bir gün bir yerde... küçük çocuklardan oluşan bir grup için yüzme yarışması düzenlenmişti. Yarışmanın koşulları arasında, yarışmacıların yedi yaşını geçmemiş olmaları gerekiyordu. Üstelik yarışmaya sadece yüzme bilmeyen öğrenciler katılacaktı. Bu yüzden her yarışmacının yanında anneleri de bulunabilirdi.

Herkes şaşkındı. İnsanlar aralarında 'Nasıl olur da yüzme bilmeyen çocuklara böyle bir yarışma düzenlerler?' diye konuşuyorlardı. Çok geçmeden kontenjan dolmuş, yarışın başlaması için gerekli hazırlıklar bitmişti.

Çocuklar kulvarlarında başlangıç düdüğünü beklerken, anneleri de yanlarında hazır durumda beklemekteydiler. Annelerin düşüncesi, yarış başladığı anda çocukları ile birlikte havuza atlamak ve boğulma tehlikesi geçirmemeleri için onları sırtlarına almaktı.

Ne de olsa böyle bir yasaklama yoktu. Anneler dilediği gibi çocuklarına karışabileceklerdi.

Havuzun derinliği bir buçuk metreydi. Uzunluğu ise yüz metre. Yüzme bilmeyen bir çocuk, annesinin sırtından düşerse, bu ölçülerdeki bir havuzda rahatlıkla boğulma tehlikesi ile karşı karşıya kalabilirdi.

Bu yüzden anneler büyük bir kaygı içindeydiler. Anneler her ne kadar da yarışma boyunca yavrularının yanlarında olacaklarını bilseler de bu, onların kaygılarına çare olmuyordu.

Aradan günler geçti, yarışma günü gittikçe yaklaşıyordu.

Anneler yarışmadan bir gün önce bir araya toplandılar ve ne yapacaklarını konuştular. 'Her ne kadar da çocuklarımızın yanında olsak bu riskli bir iş' dediler. Aralarında yaptıkları toplantının sonucunda ise, birbirlerine destek kararı aldılar.

Bu bir yarışma olabilirdi onlar için, ama onlar aynı zamanda bir anne yüreğine sahiplerdi. Toplantıda aldıkları karara göre, kimin yavrusu boğulma tehlikesi ile karşı karşıya kalırsa, çevresindeki en yakın yarışmacının annesi ona yardımcı olacaktı.

Ve sonunda beklenen gün geldi. Hava yarışma için oldukça müsaitti.

Yarışma saati yaklaştıkça annelerin kaygıları da biraz daha artıyordu. Annelerinin bu endişeli ama kararlı halini gören çocuklar ise korkudan tir tir titriyorlardı. Ancak annelerinin bu denli kararlı olmaları, minik yavruları yarışmaya mecbur kılıyordu. Tek bir kelime bile etmeden, o minicik bedenlerinin içinde bulunan dev yüreklerini ortaya koymak için bekliyorlardı...

Sonunda yarışma saati geldi. Yarışmacı çocuklar, yanlarında anneleri ile birlikte kulvardaki yerlerini aldılar. Bir anda ortalığa büyük bir ses hâkim olmuştu. Çocuklar annelerinin gözlerinin içine bakıyorlardı korkulu gözlerle.

Anneler çocuklarının kulaklarına doğru eğilerek 'Sakın korkma yavrum. Ben her zaman yanında olacağım senin. Sen boğulma tehlikesi geçirirsen seni sırtıma alır yine yarışı bir şekilde tamamlarız.

Buna hiç kimsenin bir şey dediği yok zaten. O yüzden sakın korkma canım. Sen rahat ol, ben yanındayım annem!' diye fısıldadılar.

Ve yarış başladı...

Başlangıç ile birlikte küçük çocuklar havuza atladı, ardından anneleri de...

Anneler boğulmasınlar diye hemen çocuklarını sırtlarını aldılar, bir anne hariç! Çocuklarını sırtlarına alan anneler hızlı bir şekilde bitiş noktasına doğru ilerlerken, çocuğunu sırtına almayan anne, kulvarın kenarında durmuş yavrusuna yüzme öğretmeye çalışıyordu.

Bir ara arkasına baktığında mesafenin de açıldığını fark etti ama umursamadı bile. Farkı açan anneler arkalarına bakıp alaycı bir şekilde gülümsedilerse de, yüzme öğretmeye çalışan anne buna aldırmadı; çünkü onun tek hedefi, yavrusunun kendi başına yüzmesiydi.

Fark gittikçe açılmaya başlıyordu. Neredeyse yarışı yarılamışlardı ve bekledikleri gibi bir risk ile karşılaşmamışlardı. Sırtlarına çocuklarını almış annelerin az önce duydukları kaygı da bir anda kaybolmuş yerini cesarete bırakmıştı. Yüzlerinde hafiften tebessüm vardı.

Hemen hemen hepsi aynı sıradaydılar. En öndeki ile en arkadaki yarışmacı arasında sadece bir iki metrelik fark vardı. Yavrusuna yüzme öğretmeye çalışan anne ise zaten yarışa başlamamıştı bile. Ama ne olursa olsun hâlâ yarışmacıydı...

Bir anda anneler için hiç beklenmedik bir gelişme oldu. Önde giden anneler artık yavaş yavaş yorulduklarını hissetmeye başlıyorlardı. Birkaç metre sonra artık adım atacak hallerinin kalmadıklarını fark ettiler.

Sırtlarında taşıdıkları çocuklarının vermiş olduğu ağırlık, at-

tıkları her adımda nefeslerinin biraz daha kesilmesini sağlıyordu. Birkaç metre ileriye gitmelerine bile imkân yoktu artık. O an anneler göz göze geldiler. Hepsinin zihinlerinde toplantıda aldıkları birbirlerine yardım kararı vardı.

Ve bir anda ayakları sendeledi annelerin, önce dizleri büküldü sonra da düştüler havuzun ortasında. Annelerinin sırtlarında sıkı sıkı tutunan yavrular da çaresizce bir anda havuzun dibini boylamışlardı. Düşen yavrular suya batıp çıkarken, her anne kendi yavrusunu kurtarmak için çırpınıyordu.

Kısa bir süre sonra, yavrularının o minicik ellerinden tutarak suyun üstüne çıkarmayı başardılar. Artık tek amaçları vardı: Çocuklarının yaşamda kalması. Yarışı kazanmak umurlarında bile değildi...

Anneler çocuklarını havuzun dışına taşımak için seferber olurken, çocuğuna yüzme öğreten anne ise arkasına bile bakmıyordu diğerleri yarışı bitirdi mi diye. Olan bitenden habersizce yavrusuna yüzmeyi öğretmeye çalışıyordu hâlâ...

Zaten yavrusu da yüzmeyi öğrenmişti artık. Bunu fark eden annenin yüzünde bir tebessüm belirdi. Ve yavrusuna güvendiğini belli eden bir ses tınlamasıyla 'Hadi yavrum...' dedi. 'Yüz ve hedefine ulaş.'

Daha sonra havuzdan çıktı ve çocuğunu izlemeye başladı.

Yüzmeyi öğrenen çocuk emin kulaçlarla hedefine doğru ilerliyordu. Artık o rakipsizdi! Havuzda tek başına kendini yormadan devam etti yüzmeye. Adeta oynaya oynaya yüzüyordu. Ve bitiş noktasına geldiğinde, yarışı kendi başına kazanmanın vermiş olduğu mutluluğu annesi ile birlikte yüreğinde yaşıyordu...

Yarışmayı oğlu kazanmıştı ama sevincini birlikte paylaşmışlardı.

Evet Zehracığım. Annesi ona, hayat yolunda ilerlerken karşısına çıkacak karanlıklar için sadece bir fener vermişti, küçük çocuk ise bu fenerle kendi yolunu aydınlatmıştı...

HAYAT, ÖNÜNÜ GÖREMEYECEĞİN KADAR KARANLIK OLABİLİR, AMA KARANLIĞI AYDINLIĞA ÇEVİRECEK FENER SENİN ELLERİNDEDİR!

İnsanlar birbirlerini korumayı severler. Bu durumda da yine farkında olmadan o kişinin sorumluluğunu üstlenmiş olurlar. Tıpkı yarışmadaki annelerin yaptığı gibi! İşte bu gereksiz sorumluluklar sonucu zamanla olumsuz düşünceler gelişir zihnimizde.

Olumsuzluk, hayatımızı zora sokmak için farkında olmadan beslediğimiz bir duygudur. Olumsuz düşünceler sonucu, olumsuz duygulara kapılır ve buna bağlı olarak da olumsuz davranışlarda bulunuruz.

Çoğu zaman insanlara bir şeyler öğretmeye kalkar insanlar. Oysa kimse kimseye bir şey öğretemez. Çözüm için gereken her bilgi, insanın yüreğindedir zaten. Bu yüzden: *İnsanların öğrenme süreci, kendi sorumluluğunu üstlendiği zaman başlar.*

Mutlu olmak adına, insanların kendi sorumluluklarını almalarına izin vermeliyiz. İnsanlar sorumluluk alıp sıkıntılar yaşadıkça ve bu sıkıntılardan oluşan sonuçlara katlandıkça, zamanla kendi sorumluluklarını öğrenirler. Üstelik bu zorluklar, insana yaşama direnci verirler. Güçlü olmaları adına insanların zaman zaman taşımaları gereken birer ağırlık gibidir zorluklar."

Zehra bir yandan ninesini dinlerken bir yandan bu bilgilerin adeta mucizevi bir reçete olduğunu düşünüyordu. Genç kız bu duyguları yaşadığı sırada birden kendini toparlayarak, "Anlıyorum nineciğim" dedi huzurlu bir ses tonu ile. "Kendi sorumluluğumu üstlendiğim zaman hem öğrenmeye açık olacak, hem de üzerime gereksiz yükler almamış olacağım..."

DUYGULARIN KONTROLÜ

"Peki, düşünce ve duygularımı kontrol edebilir miyim nineciğim?" diye sordu bu kez.

Meryem nine tebessüm ederek, "İnsanlar, düşünce ve duygularını kontrol edebilirler tabii ki. Üstelik düşünce ve eylemlerini kontrol etme şansına istediğin zaman sahip olabilirsin. Bir insanın düşünceleri onun duygularını, duyguları da davranışlarını oluşturur" diye cevapladı.

Zehra iyice heyecanlanmıştı. "Nineciğim, bana düşünce ve davranışlarımı da nasıl kontrol edebileceğimi anlatır mısın?" diye sordu büyük merak içinde ve sonrasında gözlerini, yaşlı ninenin ellerine dikti. Sıradaki kartı heyecanla bekliyordu. Yaşlı nine her zamanki gibi en üstte duran kartı diğerlerinden ayırıp, küçük torununa doğru uzattı.

Zehra kartı okuduğunda şu sözleri teker teker heceliyordu:

---

*DUYGULARININ
KONTROLÜNÜ ELİNE
GEÇİRMEK, O DUYGUNUN
GETİRECEĞİ
DAVRANIŞIN, FARKINDALIĞINI
KAZANMAKLA BAŞLAR.*

Zehra bu sözleri heceleyerek okuduktan sonra Meryem nine net bir şekilde "Kesinlikle" dedi ve devam etti.

"İnsanları genelde zihinleri yönetir ama önemli olan bir insanın kendi zihnini kullanabilmesidir. Kendi aklını, düşüncelerini yönetebildiğin zaman, hayatın sandığından çok daha kolay olduğunu rahatlıkla fark edebilirsin.

Kendini, beynini yönetmek için; olumsuz bir düşünce yaşadığın anda, kendine çok kısa bir zaman ayırmalısın. Birkaç saniye bile bu zaman için yeterlidir aslında. Bu zamanı kendine ayırma sebebin; şimdiye kadar seni kontrol eden zihnin düşüncelerini kullanması yerine, senin aklını kullanman için gereken zamandır Zehracığım.

İnsanlar bir duygu karşısında düşünmeden olumlu ya da olumsuz tepkiler verirler. Ansızın oluşan düşünceler sonucu gelişen her ani karar, zihnin tarafından verilir. Bunun sonucunda da insanlar mutlu ya da mutsuz olurlar. Seçim her zaman senin elinde olduğuna göre, olumsuz bir düşünce hissettiğinde kendine şu şekilde sorabilirsin: *Bu düşünce sonucunda geliştireceğim duygu ve ardından gelişecek davranışım, beni mutlu mu edecek yoksa mutsuz mu? Peki, bu kimin fikri, benim mi yoksa zihnin mi? Burada hemen zihne kulak ver yavrum. Bir an dur ve zihne kulak ver. Onu adeta dinle hemen sustuğunu göreceksin!*

Üstelik bu şekilde zihnine bir soru yönelttiğin anda onu şaşırtmış olursun. Çünkü insan kendi düşündüğünü sanır. Oysa insan ruhsal bir varlıktır, ruh düşünmez ki. Ruhumuz zihin tarafından adeta bir fare gibi enerjisinin kemirilmesine maruz kalıyor. Bu yüzden zihin konuştuğu zaman bir an dur ve ona kulak ver. Bırak konuşsun. Bakalım ne olacak... Olanlara şaşıracaksın..."

Zehra büyük bir heyecan içindeydi O an ninesinin dediğini yaptığında kafasının bomboş olduğunu gördü. Sanki ömrü boyunca konuşan zihni tamamen susmuştu artık.

Meryem nine de Zehra'nın bu sevinçli hali karşısında çok mutlu olmuştu. Zehra'ya bu konuyla ilgili kısa bir hikâye anlatmak istediğini söyledi ve sesinin tonunu, bir annenin minik yavrusuna masal anlatırmış gibi daha da yumuşatarak anlatmaya başladı:

"Ömer ile Zeynep isminde evli bir çift varmış. Birbirlerini çok seven bu çift, zaman zaman tartışıp birbirlerini kırıyor, birkaç saat sonrasında ise hiçbir şey olmamış gibi normal yaşamlarına geri dönüyorlarmış. Bir gün Zeynep, Ömer'e şöyle demiş:

'Biz her tartışmamızdan sonra bunun çok saçma ve gereksiz bir şey olduğunu düşünüyor ve birbirimize yaptıklarımızdan dolayı pişmanlık duyup, tekrar eski yaşantımıza dönüyoruz. Onca olaylar ve o an hissettiklerimiz bize gereksiz yere acı duygular yaşatıyor. Mademki sonrasında barışıp kaldığımız yerden devam edeceğiz, neden o olumsuz duyguları birbirimize yaşatıyoruz?'

Ömer biraz düşünmüş, 'Zeynep gerçekten de bu konuda çok haklı' diyerek tartışmalara bir son vermenin çaresini aramış. 'Nasıl bulabilirim?' diye sormuş kendisine tekrar tekrar. 'Nasıl bulabilirim...'

Ve bir anda yüreğinin sesi Ömer'e 'Sadece o an dur!' diyerek aradığı cevabı vermiş. Ömer, önce şaşırmış ve ardından tekrar düşünmeye başlamış. 'O an dur! Bu ne anlama geliyor acaba?' diye sorgulamış kendisini. 'Bu söz ne işime yarayacak ki?' diye düşünmüş durmuş.

Aradan haftalar geçmiş. Zeynep sorumluluğunu bilen bir kadınmış. O gün içinden ütü yapmak gelmiş ve ütü masasını kurarak Ömer'in pantolonlarını ütülemeye başlamış. Bir yandan şarkı mırıldanıyor, bir yandan da neşe içinde ütüsünü yapıyormuş.

O an kapı çalmış ve Zeynep ütüyü masanın üzerinde bırakarak kapıya doğru yönelmiş. Kapının eşiğinde kocasını gördüğünde gözlerinin içi gülmüş. 'Kim bilir nasıl da sevinecek pantolonlarını ütülediğimi görünce' diyerek iç geçirdiği sırada Ömer, 'Anahtarımı evde unutmuşum' diyerek içeri dalmış.

Ömer içeriye girmekle beraber, burnuna gelen yanık kokusu ile kaygılanmaya başlamış. Kokunun, ütünün altında kalan pantolonundan geldiğini anlayınca Zeynep'e ters ters bakmaya başlamış.

Tam içindeki kızgınlığı karısının yüreğine çarpacağı sırada, Ömer'in yüreğinden o ses tekrar belirmiş 'Dur ve düşün' diyerek.

Ömer, birden duruvermiş ve sadece beklemiş olacakları görmek için. Birkaç saniye sonra Ömer'in de anlam veremediği bir duygu belirmiş zihninde. O kızgın Ömer gidip, sanki yerine daha ılımlı, anlayışlı ve sabırlı bir insan gelmiş. Yüzü gülmeye başlamış bir anda Ömer'in. Zeynep, Ömer'in bu suskunluğu ve güleç yüzünün karşısında önce şaşırmış ama sonra o da gülmeye başlamış ve birbirlerine sarılmışlar sımsıkı...

Evet Zehracığım. Karanlık, yoğun duygular yaşadığın o an durup kısa bir süre beklediğinde kendi zihninin yönetimini sahiplenmiş olursun.

Zehra'nın yüreğini yeniden heyecan ve şaşkınlık duyguları kaplıyordu. Meryem nine Zehra'nın bu halini hissetmiş olmalı ki, anlattıklarını Zehra'nın içselleştirmesi için sözlerine kısa bir ara vermişti. Zehra ise çoktan oturduğu koltukta hareketsiz bir şekilde kalıvermiş ve düşünmeye başlamıştı.

Oysa ben, bugüne kadar hep ninemin anlattıklarının tersini yapmıştım! İnsanları anlamak yerine kendi bildiklerimi doğru gördüm, bunun sonucunda da sıkıntılar yaşadım. Kendi sorumluluğumu bir kenara bırakıp, farkında olmadan insanların işlerine karıştım ve böylece üzerime gereksiz yükler aldım. Zihin konuştuğunda onu susturmaya çalıştım.

Bu yüzden kendimi çoğu zaman yorgun hissettim. Bundan sonra kendi duygu ve davranışlarımı ben yöneteceğim.

Beynimin beni yönetmesine artık izin vermeyeceğim. O benim emrimde olan bir organ, tıpkı yüreğim gibi. Ben bedenimim patronuyum, yüreğim ve beynim bana sevgi ile bağlı birer çalışan. Onlara sevgi ve uyum ile yaklaştığım zaman, onlar da bana doğru olanı gösterecekler."

Zehra bu sözleri içselleştirdiğinde, zihnindeki karanlıklar da bir anda yerini, aydınlık temiz bir geleceğe bırakıyordu.

Okulda ve ev yaşamındaki ikili ilişkilerinde de daha mutluydu artık Zehra. İnsanları olduğu gibi kabul ediyor, sadece kendi sorumluluklarını üstleniyordu. Hayat gittikçe kolaylaşmaya başlıyordu onun adına...

Yaşlı nine yeni bir kart veriyordu genç torununa:

İNSANIN ÖNÜNDEKİ EN BÜYÜK ENGEL; DÜŞLERİNİ SINIRLAMASIDIR.

Bir anda aklı yine darmadağın olmuştu Zehra'nın. "Eksik olan bir şeyler var" diye tekrarladı. Çok geçmeden sevgi, ilgi ve şefkate karşı eksik duygular yaşadığını hissetti ve...

SEVGİ

Gözlerini tekrar nineye doğru çevirerek, "Peki ya sevgi, sevgiyi nasıl bulacağım nineciğim?" diye sordu büyük bir heyecanla. İsteği yerine gelmemiş minik bir çocuğun ses tonlaması ile devam ederek, "Biliyorsunuz nineciğim, bugüne kadar sadece ailemden ve sizlerden aldığım sevgi ile yüreğimi ısıttım. Babamı çok ufakken kaybettim. Onun sevgisine her zaman ihtiyacım olduğunu düşündüğüm sırada bir erkek arkadaşım oldu. O da dün sebepsiz yere ayrıldı benden! Ben ise hâlâ ilerisi için, beni farklı anlamda seven, bir insanın yaşamımda olmasını istiyorum. Bana sahiplenmesini, dertlerime ortak olmasını, beni anlamasını, yaşamıma anlam katmasını istiyorum. Sevgililer Günü'nde boynumun bükük kalmasına dayanamıyorum artık" dediğinde, Meryem nine Zehra'nın yüreğine su serpercesine, "Bu duyguları sadece sen yaşamıyorsun yavrum. Maalesef sevgisizliği çok küçük yaşlarda farkında olmadan yakınlarımız kazıdı yüreğimize. Sevgi vermekten korkar olduk!" dedi.

Zehra, ninesinin sözlerinin arasına girerek, "Nineciğim en yakınlarımız bize nasıl bunu yapabilirler ki? Nasıl sevgisizliği öğretebilirler?" diye sordu.

Yaşlı nine soğukkanlılıkla gülümsedi her zamanki gibi. Hemen sağ tarafında bulunan şifoniyerin orta çekmecesine uzanarak, yıllar önce bir gazetede okuyup sakladığı yazıyı aldı ve Zehra'ya uzattı.

Zehra "Bu ne?" dercesine yaşlı ninenin yüzüne bakarken,

yaşlı nine, "Burada, bir babanın duyduğu pişmanlık sonucunda, yavrusuna yazmış olduğu bir yazı var" dedi.

Zehra gazete sayfasını aldı ve vakit kaybetmeden okumaya başladı.

"BEN NE YAPTIM!

O gün her zamanki gibi işten çıkıp doğruca eve gelmiş ve hazır bir şekilde beni bekleyen yemek masasına atmıştım kendimi.

Peşimden biri kovalarcasına yemeğimi yedikten sonra eşimin anlamlı bakışlarını üzerimde hissederek 'Eline sağlık hanım' demiştim dilimin ucu ile...

Saatime baktığımda saat 8'e geliyordu. Hızlı bir hamle ile ayağa kalktım ve o an sen minik yavrum, masum ve şaşkın bir ses tonu ile 'Yine bizi yemekte geçtin babacığım. Nasıl bu kadar hızlı yiyebiliyorsun?' diye sorduğunda, sana, 'Bunu büyüyünce anlarsın' diyerek cevap vermiştim.

Sonra kapının eşiğine doğru gittim hızlıca. Ayakkabılarımı giymek için sabırsızlanıyordum adeta. Çekeceğin yerini bulamadığım için, henüz masada yemek başında olan eşime sertçe 'Bu evde insan aradığını bulmak isterken deli olur!' diye söylendim. Hiç sesini çıkarmadan içini çekiyordu sadece canım eşim...

Neyse ki çekeceğin yerini bulmuş ve ayakkabılarımı giyip kahvenin yolunu tutmuştum. Bir ara saatime baktığımda, saatin gecenin on ikisini gösterdiğini fark ettim. Saatin nasıl geçtiğinin farkında değildim kahvedeki masamda. Ama nasıl oluyorsa evdeki masada zaman hiç geçmiyor gibiydi...

O zamanlar, 'Eee... insan mutlu olduğu yerde saatin de nasıl geçtiğini anlamıyor ne de olsa...' diye düşünüyordum.

Bugün okeyi ben kazanmıştım. Harika duygular içinde eve

gittim. Anahtarı evde unuttuğumu fark ettim ve kapının ziline basmak zorunda kaldım. Birkaç dakika sonra kapının eşiğinde eşim belirdiğinde ona, 'Şu lanet olası kapını neden zamanında açmazsın!' diyerek kızmıştım. Her zamanki gibi tek bir söz etmeden kalakalmıştı kapı eşiğinde...

Ardından 'Kız uyudu mu?' diye sormuştum. 'Çok oldu uyuyalı' diyerek cevap vermişti bana canım eşim. 'Yemekten her erken kalkışında onunla oyun oynayacağını düşünerek heyecanlanıyor yavrun. Üstelik her an onunla oynayabilirsin düşüncesi ile yanında bulundurduğu tek kolu kopuk ve saçlarını ona ördüğüm hırkanın yününden yapıştırarak yaptığı oyuncağını da masanın altında saklıyor!'

Bu sözlerin ardından odasına girmiştim kızımın. Öyle masum uyuyordu ki, başucuna yaklaşıp yanağından öpmüştüm. 'Canım kızım' demiştim içimden. 'Melekler gibisin.' O an kızıma özlemle baktığımı duyumsadım. Daha önce yavrumu hiç kucaklamadığımı fark ettim!

Onu sadece uyurken severdim şımarmasın diye. Sevginin onu şımartacağını düşünerek bugüne kadar ondan hep esirgemiştim. Sonradan anladım ki çocuklar sevgi verince değil, tutarsız davranıldığında şımarıyorlarmış!

Ertesi sabah işe gitmek için erkenden kalktığımda, büyük bir şaşkınlık yaşayacağımın ve yaşamımın değişeceğinin bilincinde değildim!

Kızım kapının önünde beni bekliyordu. 'Canım babacığım!' diyerek önce boynuma sarıldı ve sonra bana o tatlı diliyle, "Biliyor musun babacığım, dün gece rüyamda beni öptüğünü gördüm. Öyle çok heyecanlandım ki babacığım, neredeyse bu küçücük kalbim yerinden çıkacaktı!' dedi.

'Aman Allahım!' dedim kendime o an. 'Ben ne yaptım! Ben neler yapıyorum böyle!'

Bir yandan gözlerimden yaşlar akıyor, bir yandan ise kalbim yerinden fırlayacak gibi çarpıyordu heyecandan. Daha önce yavruma bu kadar yürekli sarılmamıştım ben!

İşte o an fark ettim dünyanın sadece benim etrafında dönmediğini. Benim dışımda bir eşim ve kızım olduğunu. Onların da benden bir parça olduğunu, o an fark ettim.

Bugüne kadar kahvedeki arkadaşlarıma ayırdığım vakit kadar canım eşime ve biricik yavruma zaman ayırmamıştım. Bugüne kadar zarlara söylediğim 'Hadi canım benim, hadi tatlım...' gibi sözleri evde yavruma ve eşime söyleyip onların yüreklerine dokunamamıştım.

Bugüne kadar pişti oyununda kazandığım kartların nasıl hesaplandığını ve kaç puan toplandığını ezbere bilmiştim ama kızımın karnesine bir kere bakıp da oradaki notların ne anlama geldiğini düşünmemiştim!

Sahi benim kızım kaçıncı sınıfa gidiyordu?

Aman Allahım ben neler yapmışım!

Bunları düşündüğüm sırada küçük yavrumun kollarında bana sarılı kaldığını hissederek irkildim tekrar. Gözyaşlarım hıçkırıklara boğulmuş, boşalıyordu adeta seller gibi kirpiklerimden.

Eşim gelmişti, bizi kapıda böyle görünce o da tutamamıştı gözyaşlarını.

O an bir söz verdim kendime, bundan sonra önce kendime sonra da aileme değer vereceğime dair. O gün işe gitmekten vazgeçerek kızımın elinden tutup onu odasına götürdüm. Benimle oynamak istediği bebeğinin nerede olduğunu sorduğumda gözlerinin içi parlıyordu adeta.

Koşturarak odadan çıktı. Şaşırmıştım. 'Ters bir şey mi söyledim?' diye iç geçirirken, bir anda koşturarak odaya dalmıştı minik yavrum. Elindeki kırık kollu oyuncağını bana doğru uzatıp şöyle demişti o gün:

İŞTE GETİRDİM BABACIĞIM, YEMEK MASASININ ALTINDA DURUYORDU DA..."

Meryem ninenin o şeker yüzünde tebessüm belirdi yine. Zaten o, gülmenin bulaşıcı etkisi olduğuna inandığı için hep gülerdi. Zehra'nın sorusuna vakit geçirmeden cevap verdi:

"Farkındaysan şimdiye kadar sana sevgiden fazla söz etmedim kızım. Çünkü bir insanın yüreğini ve o yürekte yatan bu sıcacık duyguyu hissetmesi için, önce hayatını olduğu gibi kabullenmesi gerekir.

Artık, sana sunulan bu hayatı olduğu gibi kabullendiğine inanıyorum Zehracığım. Böylece, sana sevgi hakkında söyleyeceklerimi tam olarak algılayabileceğini düşünüyorum.

Evet canım. Az önceki soruna gelince. Bizler çok ufak yaşlarda anne ve babalarımızı model alarak gelişmeye çalıştık. Anne ve babalarımızı hatasız insanlar olarak görüp, onların doğrularını kabullenerek, kendi doğrularımız haline getirdik!

Daha biz çok küçük yaşlardayken, sevgimizi yüreğimize bastırmamızın alışkanlığını kazandık anne ve babalarımızın farkında olmadan yaptıkları davranışlar ile. Tıpkı hikâyede babanın, kızını ilk başlarda anlamadığı gibi, bizi de çoğu zaman anlamadı anne ve babalarımız.

Onları gördüğümüzde koşarak boyunlarına sarılmak istedik çoğu zaman, ama yanlarına yaklaştığımızda bir buz kütlesi kesilerek kendilerini bize soğuk tuttular. Sonra ertesi gün tekrar denedik tüm sıcak sevgimiz ile onlara sarılmayı, yine ittiler bizi... Çünkü biz onların yüreklerine dokunmak isterken, onların beyinlerinde şu konuşmalar geçiyordu: 'Şimdi babam burada olsaydı ve beni çocuğumu sarılırken görseydi, sen ne biçim bir adamsın diyerek yerin dibine sokardı!'

Sonra korkar olduk sevgi saçmaktan önce kendimize sonra da etrafımıza."

Zehra, yaşlı ninenin sözlerinin bitmesini bekledikten sonra, "Benim babam böyle değildi ama..." diyerek, o an baba özlemini bir kez daha duyduğunu belli ediyordu.

Ardından, "Babamı hâlâ unutamıyorum nineciğim. Onu unutmak çok zor" diyerek mırıldandığında yaşlı nine bilgece bir konuşmayla sözlerine devam etti:

"Senin baban, benimse biricik yavrum... Canımdı ve hâlâ da öyle. Dünyaya gelen her varlığın, her canlının bir varoluş sebebi vardır güzel kızım. Baban bana evlat sevgisini ve bir evlada sahip olma duygusunu, sana ise babalık sevgisini hissettirmek için girmişti dünyamıza.

Bu, dünyaya gelirken Yaradan tarafından ona verilmiş bir görevdi ve baban görevini en güzel şekilde yaparak yanımızdan ayrıldı. Erkek arkadaşın da öyle... Eğer bir erkek arkadaşın olduysa ve seni terk ettiyse senin yaşamına girme sebebi sana bu duyguyu yaşatmaktı. O, senin yaşamına acı bıraktı ve gitti ansızın. Sen ise hâlâ onun bıraktığı yerdesin!"

Zehra ninesinin sözünü keserek, "Ama bu aynı şey değil nineciğim" dedi ve ardından ekledi: "Babam benden çok uzakta ve bir daha asla geri gelmeyecek."

UZAK DA OLSA MESAFELER, YÜREĞİNDE HİSSETTİĞİN SANA EN YAKINDIR!

Yaşlı nine bu sözlerin üzerine kendinden emin bir ses tonu ile, "Yüreğinde hissettiğin her neyse veya her kimse sana asla uzak değildir kızım. Hatta sana en yakın olan odur..." diyerek cevap verdi. "Her acı ve her zorluğun ardında eğitici bir güç vardır Zehracığım" diyerek devam etti sözlerine...

"Acılar ve zorluklar doğru kararlar alabilmemiz adına geçmişte karşımıza çıkar ve geçmişte kalırlar! Ama çoğu insan, bu acı duyguları geçmişten bugününe ısrarla taşıyarak dünyalarını bir savaş alanına çevirirler.

Sevgi yolunda geçmiş, geçmişte kalmıştır. Sevgi yolunda her gün yeni duygularla doğar insan...

Sevgiyi hissetmeyen insanlar ise, kendi önlerine bazı engeller koydukları için yüreklerindeki o sıcacık duyguyu fark edemezler."

Yaşlı ninenin bu sözlerinden sonra Zehra başıyla ninesini onaylayarak, "Haklısınız nineciğim. Yaşamımızdaki en büyük engeli biz düşlerimiz ile oluşturuyoruz" dedi. Ardından, aklındaki soru işaretlerinden bir tanesini daha ninesine yönelterek, "Peki, bana bu engellerden de söz eder misiniz?" diye sordu.

Yaşlı nine Zehra'ya bir kez daha, "Sana artık bu engellerden ve sevgiden söz edebilirim; çünkü sen, yüreğindeki sevgiye dokunabilmek için önünde duran en büyük engellerden birini kaldırdın. Yaşamın zorluklarla şekillendiğine inandın ve kabullendin" dedi ve ekledi:

"İnsanları anlamanın, sana olumlu duygular bırakacağının farkındasın artık. Kendi sorumluluğunun da bilincindesin ve bu bilinç sayesinde kalbine uzanan sağlam bir köprüyü de kurmuş oldun!"

Zehra coşkulu ve meraklı bir ses tonu ile, "Yüreğime uzanan köprüyü kurdum ve şimdi önümde başka engeller var, öyle mi?" diye sordu ninesine.

"Evet Zehracığım" dedi yaşlı nine. "Daha önümüzde engeller var. *Aslında insanın önündeki en büyük engel yine kendisidir!* Kendi önünden çekildiğinde, bir anda önünde başka engel kalmayacağını da göreceksin. Çevrendeki olumsuzlukların sana yaşattığı duyguları artık olumluya çevirebildiğine göre, şimdi kendi önünden çekilip, sevgi yoluna doğru koşma zamanıdır."

"Ya sevgi!" diye tekrarladı Zehra.

"Sevgi hakkındaki düşüncelerine gelince: Söylediğin gibi sevgiye ne kadar çok ihtiyacın olduğunun farkındayım. Sevgiye her canlı ihtiyaç duyar.

Fakat sevgi arayıp da bulabileceğin bir şey değildir! Üstelik insan, tüm güzellikleri sadece kendi içinde bulabilir.

Bir başkasından güven, sevgi, ilgi ve şefkat bekleme düşüncesi, çoğu zaman karamsarlık hastası eder insanı. Ve sen, senin gibi aynı hastalıklı düşünceye ve ihtiyaçlara sahip olan insanlardan bu beklentilerini karşılayamazsın.

Sen bu isteklerini bana aktarırken ne kadar çok beklenti içinde olduğunun farkına vardım. Beklentilerimiz çoğu zaman hüsranla bitebilirler Zehracığım; çünkü onları bize verecek bir başkasıdır her zaman."

Yaşlı nine sözlerini tamamlamak üzereydi ki Zehra'ya doğru eğildi ve "Başkalarından alacağın hiçbir şey yoktur. Aradığın her şeyin tek bir kaynağı vardır; o da senin yüreğin..." dediğinde, sanki önemli bir detayı fısıldamıştı.

Ve ardından bu kez iki kart uzattı Zehra'ya doğru:

KENDİMİZİ İYİ HİSSETMEK, BAŞKALARINA BAĞIMLI OLMAYI, ONLARDAN SEVGİ VE İLGİ BEKLEMEYİ GEREKTİRMEZ.

AŞK VE SEVGİ BİZE
KİMSEDEN GELMEZ.
ONLAR ALLAH'IN
KULLARINA VERDİĞİ
BİR RAHMETTİR
VE DAİMA KENDİ İÇİMİZDEDİR.

"Biz, bir başkasının kendi yaşamımıza anlam katmasını bekleyemeyiz; bu bizi bağımlı yapar..."

YAŞAMIN ANLAMI

Bir anda kısa bir sessizlik hâkim oldu odaya. Ama yaşlı nine sanki kitli kapıları açacak bir formülü verircesine, "*Bütün sıkıntılar, bizim beklediğimiz ve hayal ettiklerimiz ile hayatın bize sundukları olaylar arasındaki farktan doğarlar*" diyerek sessizliği bir anda bozmuştu. Ardından devam etti sözlerine:

"Sen, sevgi bekleyip karşılığını alamazsan yüreğinde bir acı oluşur. Oysa insanların yürekleri okyanuslar kadar geniştir. İçlerinde o kadar büyük bir güç vardır ki, bu gücün kaynağı yüreklerindeki sevgi ve o sevginin kaynağı Rabbimizdir.

Önemli olan bir başkasından sevgi beklemek yerine, yüreğimizdeki sevgiyi çevremize saçarak bakmaktır yaşama. Beklentisizce. Allah'ın rahman sıfatını üzerimizde hissederek... Böylece kendimiz için de en doğru ve mutlu olanı seçmiş oluruz yavrum.

Üstelik az önce yaşamıma bir insanın anlam katmasını istiyorum demiştin. Şunu asla unutma..." dediğinde, Zehra, ninesinin karşısında birazdan işiteceği sözlerin, beyninde bir davul sesi gibi zonklayacağını tahmin edercesine bekliyordu. Ve yaşlı nine sırtını yasladığı koltuğundan öne doğru eğildi:

"*Yaşamına verdiğin anlam dışında başka bir anlam yoktur. İnsanlar her zaman yaşamlarına bir anlam katmaya çalışır ve sürekli bu anlamı arayıp durur, bulmaya çalışırlar. Yaşamına, hiç kimse bir anlam katamaz! Bu hayat senin olduğuna göre, yaşamına anlam katacak olan da sadece sensin! Ve o anlam önce yüreğindeki güzel duygularla yani sevgi ile şekillenip, sonrasında ise hayatının anlamını oluştururlar. Bu dünyaya tek geldik ve tek başına gideceğiz. Önemli olan güzel kızım kendimizi bulmak ve Rabbimizi daha yakın hissetmektir. Bu yolda her zaman sıkıntılar olacaktır ama biz o sorunlara Rabbimiz için sabrederiz."*

Yaşlı nine bu sözlerle Zehra'nın yüreğine dokunurken, Zehra ise ninesini o kadar dikkat kesilerek dinliyordu ki, aklındaki soruyu da unutmuştu...

Paylaşmanın verdiği huzur yaşlı ninenin o canlı görünümüne bir kat daha güç katmış gibiydi. Kısa bir sessizliğin ardından, "Şunu asla unutma ki..." dedi ve ardından devam etti sözlerine Zehra'nın kalbine huzur aşılamak için:

"İnsanların kendilerini iyi hissetmeleri için başkalarına ihtiyacı yoktur. *İnsanlar başkasından bir şey beklemek yerine, tüm yürekleri ile o istediklerini Allah'tan dileselerdi, çoktan niyetlerine kavuşup, yaşamlarına çok güzel anlamlar katabilirlerdi!*

Bu sözlerin üzerine yaşamın gerçek anlamını merak etmeye başladı Zehra ve yaşlı nineye "Hayatın anlamı nedir?" diye sordu.

Nine, "Aslında hayatın anlamını görmeni isterim yavrum" dediğinde ise Zehra'nın içini bir bilinmezlik duygusu kaplıyordu.

"Görmek mi!" dedi şaşkın bir ifade ile. "Hayatın anlamını görebilir miyiz gerçekten?" diye ekledi sonrasında.

"Evet, görebilirsin yavrum" diyerek cevap verdi Meryem nine. "Ama yarın sabaha karşı beşte burada olmanı istiyorum. Dışarıda seni tanıştırmak istediğim güzel yürekli bir insan var" diye ekledi.

"Peki" dedi Zehra. "Dediğiniz saatte burada olacağım neciğim."

Sonrasında saatine baktığında akşam olduğunu fark etti. Neredeyse bütün gününü ninesinin yanında geçirmişti. Zehra kafasında biraz karışıklık olduğunu hissetse de, o an bunu hayatın akışına bırakarak akşam yemeği için salona indi.

O akşam uzun bir aradan sonra, yediği yemekler ilk defa boğazına düğümlenmemişti Zehra'nın.

Ama bir an önce sabah olmasını istiyordu. Üstelik ilk defa bu kadar erken saatte kalkacaktı. Bu duygular içinde odasına çekildi, saatinin alarmını kurdu ve derin bir uykuya daldı...

O sabah saatin alarmı henüz çalmadan uyandı Zehra. Büyük bir heyecan ile giyinmeye başladı ve saat tam beşi gösterdiği sırada ninesinin yanında belirdi.

Yaşlı nine sarılarak karşıladı Zehra'yı. Her ikisinin de içi kıpır kıpırdı. Bu, yüzlerinden de çok iyi anlaşılıyordu zaten ve çok geçmeden yola çıktılar...

Uzunca bir süre yürüdüler. Zehra nereye gittiklerini yaşlı nineye defalarca sorsa da, nine ona kilitli kapıları açacak bir anahtarı tekrar hatırlatıyordu. "*Rabb'in için sabret kızım...*"

Aslında yaşlı nine Kuran'da Asr Suresi'ndeki görevini yerine getiriyordu bir nevi. Çünkü yüce Yaradan, Kuran-ı Kerim'in Asr Suresi'nde, insanların ziyanda olduğunu, ancak iman ederek, birbirine hakkı ve sabrı öğretenlerin müstesna olduğunu söyleyerek insanlığa yaşam amaçlarından birini veriyordu adeta...

Zehra'nın aklına peygamber efendimizin bir hadisi geldi, daha önce yine ninesinden duymuştu. "Nineciğim, diyerek sordu: "Siz daha önce peygamberimizin, sabır istemeyin, sabır isterseniz önce Allah'tan bela gelir, diye bir hadisinden bana söz etmiştiniz diye sorduğunda yaşlı nine Zehra'nın ne demek istediğini anlamıştı.

"Güzel kızım, orada efendimiz bir sıkıntı içinde değilken sabır istenmemesi gerektiğini anlatmaktadır. Çünkü sıkıntısız bir durumda sabır isteyen kula önce bela gelir. Sabretmesi için bela olması lazım değil mi? Biz sıkıntı içindeyken sabrı istiyoruz. Bu yüzden bu hadisi bazen insanlar karıştırmakta..."

Zehra şimdi bu konuyu daha net anlamıştı.

Bu sırada uzun zamandır yürüyorlardı. Yorgunluktan sendelediği sırada aklından da, "Bir yerlerde otursak ta dinlensek..." diye iç geçiriyor, bir yandan da yaşlı ninenin bu denli rahatça yürümesini şaşkınlıkla izliyordu.

O sırada Zehra sevinç içinde "Buldum nineciğim!" diye haykırdı. "Hayatın anlamı sabah yürüyüşü mü?" diye sordu ve bu fikrinin onaylanması için gözünü ninesine doğru dikti. Zehra'nın bu sorusunun üzerine Meryem nine gülümsedi ve Zehra'ya "Birazdan göreceksin" diyerek cevap verdi. "Sadece sabret..."

Birkaç dakika sonra bir gecekondu mahallesine geldiklerini fark etti Zehra. Saat yaklaşık altı buçuk civarlarındaydı. Yaşlı nine sağ kolunu kaldırdı ve işaretparmağıyla az ileride, arkası dönük durumda tekerlekli sandalyesinde oturmuş genci gösterdi.

Çok geçmeden gencin yanına yaklaştıklarında, etrafında ufacık kedi ve köpek yavrularının olduğunu fark etti Zehra. Hiçbir şey söylemeden sadece bakıyordu onlara doğru. Yüzünde, olayları anlamaya çalıştığına dair bir ifade vardı.

Buraya neden getirmişti onu ninesi? Bu insan kimdi? Bu saatte burada ne işleri vardı? Bunları aklından geçirirken,

"İşte seni tanıştırmak istediğim güzel yürekli insan" dedi yaşlı nine.

Zehra genç çocukla selamlaşarak, bu tanışmadan memnuniyet duyduğunu belirttikten sonra genç çocuğa, "Çok merak ettim doğrusu, sabahın bu ilk saatlerinde, burada yalnız başınıza ne yapıyorsunuz?" diye sordu.

Bu soru ile yüzünde hafif bir tebessüm beliren genç çocuk, "Ben yalnız değilim ki" diye cevap verdi. Ardından yeri göstererek, "Bak, etrafımda bir sürü dostum var" diyerek, kedi ve köpek yavrularını işaret etti.

Zehra, "Her gün bu saatte buraya gelip kedi ve köpek yavrularını mı izliyorsunuz?" diye sorduğunda, "Onları sadece izlemiyorum. Akşamları bakkallardan fırına iade edilen bayat ekmekleri sabah erkenden kalkarak fırından toplayıp, sabahın erken saatlerinde bu küçük canlılara getiriyorum. Onların mutlu olduklarını hissettikçe tarif edilemez bir huzur sarıyor içimi..." diye cevap verdi.

"Ama her gün aynı saatte, aynı şeyleri yapmak insanı bıktırmaz mı?"

"Evet haklısın. Her gün aynı saatte, aynı şeyleri yapıyorum. Ama bundan her defasında ayrı bir mutluluk alıyorum. İlk başlarda ben de senin gibi düşünüyordum. Gün geçtikçe önemli olanın, her gün ayrı yerler gezip, farklı şeyler yapmak değil, her gün yaşama yeni gözlerle bakmanın olduğunu keşfettim!

Böylece her gün yeniden açıyorum gözlerimi yaşama. Her gün yeni bir ben olduğumu hissettikçe, günüm muhteşem geçiyor! Bu yavruların etrafımda sevgi ile dolaştığını fark etmek benim için en büyük mutluluk..."

O sırada Zehra'nın gözleri genç çocuğun vücuduna takıldı. Çocuğun bacakları yoktu...

"Bunu sorması gerçekten zor, ama bacaklarına ne oldu? Üstelik sabahın bu erken saatlerinde her gün buraya, bu vaziyette yalnız geliyorsun. Seni nasıl yalnız bırakıyor ailen?"

"Bacaklarımı henüz on yaşındayken ailem ile birlikte depremde kaybettim! İlk zamanlar hayatın artık benim için bir anlamı olmadığını düşünüyordum. Ben bu düşünceler içindeyken bir gün bir kitap geçti elime. Çok etkilenmiştim içindeki bir cümleden. Bu bir ruhsal gelişim kitabıydı ve içinde beni etkileyen çok anlamlı olduğunu düşündüğüm bir söz vardı. Şöyle yazıyordu:

Önemli olan hayatın bize verdikleri ve yaşattıkları değil, bizim ona kattığımız anlamdır!

Bu özel söz, içimdeki kıvılcımı ateşlemişti o gün. Daha sonra kendimi ruhsal gelişim kitaplarına verdim. Neredeyse iki günde bir tane kitap okuyorum. Ve o gün bugündür okuduklarımı yaşamımda uyguluyorum..."

Zehra bu tanışmadan gerçekten de çok mutlu olmuştu. Ninesi ile birlikte genç çocuğa teşekkür edip tam evlerinin yolunu tutacakları sırada etraftaki kedilerin birinin bir anda miyavlayarak sıçraması ile irkildiler. Çok geçmeden Zehra, zavallı kedinin üzerine ufak bir çakıltaşı atıldığını fark etti.

O anda yanlarında, ayağıyla çakıltaşına vurarak kedinin korkmasına, hatta canının yanmasına neden olan bir adam belirdi. Adamın bakımsız bir hali vardı. Uzunca bakımsız sakalları yine uzun ve bakımsız saçlarıyla birbirine karışarak çenesinden aşağıya doğru sarkmış, elinde gazete kâğıdına sarılı bir şişe ile sallanarak ayakta zor duruyordu.

Zehra şaşkın şaşkın bir genç çocuğa, bir ninesine, bir de çok yaşlı olmayan bakımsız ve sağlığı yerinde olmasına rağmen çaresizce ayakta zor duran adama bakıyordu. O sırada bir şey dikkatini çekti Zehra'nın, genç çocuğun ve ninesinin gözlerindeki ışık adamın gözlerinde yoktu!

Zehra yaşlı nineye dönerek, "Nineciğim, galiba ben hayatın anlamını buldum" dedi.

Yaşlı nine sevgi dolu bakışlarını Zehra'nın üzerinde gezdirip, "Bunu ben de görebiliyorum güzel kızım" diyerek ekledi: "Hayatın anlamı her insana göre değişir yavrum, ama hayat amacı ne işe yarar diye soracak olursan:

HAYAT AMACI,
İNSANIN GÖZLERİNE PARILTI GETİRİR."

Yaşlı nine bu sözlerinin ardından Zehra ile birlikte genç çocuğa teşekkür ederek yanından ayrıldılar.

Yolda yürürken ninesi Zehra'ya birtakım nasihatlerde bulunuyordu:

"Evet güzel kızım. Yaşamındaki anlam mutlu olmaksa eğer, az önce gördüğün gibi kendini mutluluğa adayabilirsin. Bunun için de mutluluğu beklemek yerine, mutlu olmayı istemen gerektiğini biliyorsun artık.

Mutluluğu dışarıda değil de yüreğinde ararsan, yüreğinin karanlığına sakladığın huzuru da, aydınlığa doğru çıkarmış olacağının farkındasın artık. Unutma ki önemli olan, ne aradığını bilmek ve onu tüm yüreğinle istemektir canım.

Sevgililer Günü'ne gelince, bizim zamanımızda böyle bir gün yoktu. Hem sevgimizi hissetmek ve onu kutlamak için şimdi insanların yaptığı gibi bir yıl boyunca da beklemezdik. Ben yaşadığım her günün ve her anın sevgi günü olduğunu düşünüyorum. Böyle düşünmek bana, yüreğimdeki sevgiyi her gün ve her an taze bir çiçek gibi hissetmemi sağlıyor.

Biliyor musun canım, yüreğimizde yaşayan sevginin de bir dili vardır ve her an sıcaklığını hissetmemiz için bize mesajlar gönderir.

Hatta çoğu zaman haykırır, özellikle aşkı kaybetmiş insanlara, 'Bırakın aşkı aramayı ve yeniden alevlendirmeye çalışmayı, aşk'ı arayıp dururken beni fark edemezsiniz! Sizi birbirinize en sağlam ve sıcacık duygular ile bağlayan benim! Aşk'ı çaba göstermeden kazanırsınız, ama beni kazanmak emek ister; çünkü ben gerçek sevgiyim. Bana ne kadar inanırsanız, yüreklerinizdeki ateşi o kadar canlı ve sıcak tutarım' diye seslenir, ama bizler duymayız bile sevginin bu haykırışını; çünkü aklımız hâlâ aşk'ta kalmıştır.

Gözümüz başka bir şey göremez o an. Sevgi bize haykırırken, biz onu duymayız bile; çünkü aşk, gerçekleri görmemizi engellediği için, gözümüz kör, kulaklarımız da sağır olmuştur adeta.

Sevgi yoluna eriştiğimiz o an, artık gözlerimizle görmek, kulaklarımızla işitmek yerine, sadece yüreğimiz ile algılayabileceğiz hayatın bize sunduklarını!"

O sırada Zehra suçlulukla başını öne eğip mırıldandı. "Haklısın nineciğim, hiç bu şekilde düşünmemiştim ben..." diyerek cevap verdiğinde, sesindeki mahcupluğu hissetmişti ninesi. Ama çok kısa bir süre sonra bu mahcupluğun yerine tüm benliğini, ninesinin sevgi dolu ifadeleri sarmıştı. Kendisini, sanki koca bir filtreden geçmişçesine arınmış ve rahat hissediyordu Zehra.

Ona bu rahatlığı veren duygu ise, yaşamına bir başkasının anlam katacağını düşünmek ve beklemek yerine, hedeflerine ulaşabilmesi için tüm kalbiyle bunu kendisinden istemesi gerektiğinin farkında oluşuydu.

Yüreğindeki sevgiyi istediği an hissedebilecekti Zehra. Bundan sonra sevginin sesine her zaman kulak vereceğine dair o an kendisine bir söz verdi. Sevgiye muhtaç olduğunu hissettiğinde hep o sesi duyacak, yüreğine dokunabilecek ve bu sayede de sevgi onun bedenini iliklerine kadar tüm sıcaklığı ile saracaktı. Zehra aslında içindeki sevginin Allah tarafından kendisine verilen bir armağan olduğunu fark etmişti. Vedut sıfatının daima kendi üzerinde olduğunu anlıyordu artık... Sadece dışarıya odaklandığından içeride olanı hakikati göremiyordu...

Tek dost Allah'tır.
Kul Rabb'ine sıkıca sarılırsa
Umudunu kesmezse
Allah da kulundan umudunu kesmez...

Gözleri ışıl ışıl olmuştu bir anda Zehra'nın ve ninesine meraklı bir ses tonu ile, "Nineciğim, annem bana çoğu şeyi dedemden öğrendiğinizi söylemişti, ama dedemi ne zaman bana anlatmasını istesem, 'Sana dedeni en iyi ninen anlatır' diyordu. Dedemi çok merak ediyorum. Annemin onun hakkında tek söylediği çok özel bir insan olduğuymuş. Bana biraz dedemden söz eder misiniz? Nasıl tanışmıştınız dedemle?" diye sorduğunda, yaşlı nine, "İstersen önce eve gidip kahvaltımızı yapalım. Hem annen de bizi bekliyordur şimdi. Kahvaltıdan sonra odamda buluşur hem sorularına yine birlikte çözümler arar, hem de dedenden sana söz ederim" diyerek cevap verdi.

O sabah hep birlikte kahvaltı masasına oturdular. Zehra'nın o yumuşak kalbi yeniden kıpır kıpır olmaya başlamıştı. Çünkü birazdan, çok merak ettiği dedesini anlatacaktı ninesi ona. Bu duygular içinde kahvaltı masasından kalkıp odasına çekildi.

Gözleri boşluğa dalmış, sabah gördüklerini düşünüyordu. Bugün harika başlamıştı ve günün geri kalanın harika geçeceğine tüm kalbi ile inanıyordu. Sonra birden irkildi ve ninesinin onu odasında beklediğini anımsayıp büyük bir heyecan ile yaşlı ninenin yanına gitti.

Zehra sabırsız bir şekilde, "Lütfen nineciğim, çok merak ediyorum. Bana dedemi anlatır mısınız artık? Çok özel bir insan olduğunun dışında hiçbir şey bilmiyorum dedem hakkında" dediğinde, yaşlı nine yüzünde hüzünlü bir ifade ile özlemle sözlerini sürdürdü.

"Evet yavrum. Deden çok özel bir insandı; çünkü o, kendisini her zaman özel görüyordu. Allah özenerek yaratıyor kullarını nasıl özel hissetmesin ki? Onun yaşama bakışı farklıydı. Çevresindeki insanlar da bunu fark edebiliyordu rahatlıkla. Bundan yaklaşık seksen sene öncesiydi. Ben o zamanlar senin kadardım neredeyse. Sevginin ne olduğunu bile bilmiyordum henüz. Hayata sevgi dolu gözlerle bakmayı daha sonra dedenden öğrenmiştim.

Çok yoksulduk. Babam beni köyümüze yarım saat uzaklıkta başka bir köye, tarlada çalışmam için göndermişti. İki köy arasında her gün bir saat yürümek zorunda kaldığım için, akşam olduğunda kendimi çok yorgun hissediyordum.

Bu yorgunluk gündüz çalışmama da yansıyordu. Dedenle de tarlada tanışmıştık. Ekim ve tarım konusunda benden çok daha bilgiliydi.

Aslında benim bu konuda doğru düzgün bilgim yoktu. İlk defa çalışıyordum bir tarlada. Üstelik o zamanlar böyle gelişmiş makineler, aletler de yoktu. Ellerimizle tek tek eker, sonrasında toplardık ektiğimiz buğday tohumlarını. Ben hiçbir şey bilmediğim için çok zorlanıyordum çalışırken.

Benim gibi birkaç insan daha vardı yeni işe başlayan. Aramızda en bilgili olanımız dedendi. O yüzden bir sorunla karşılaştığında başı sıkışan herkes dedenden yardım isterdi.

Oysa hepimizden çok daha fazla çalışıyordu deden, ama onu çalışırken hiçbir zaman yorgun görmemiştik. Hep gözlerinin içi gülerdi. Bir insanın gözlerine baktığında kalbinin derinliklerini görmeyi öğrenmiştim deden sayesinde. 'Gözler kalbin aynasıdır' derdi deden. Gözleri de ışıl ışıldı zaten her zaman.

Çok zor şartlarda çalışıyorduk, yorgun ve uykusuzdum. Güneş tüm sıcaklığı ile tepemizdeyken yorgunluğumuzu ve bunaldığımızı daha belirgin bir şekilde hissediyorduk.

Bir gün yine tarlada çalışırken gözlerimin karardığını hissettim. Kirpiklerim ağırlaşmaya başlamıştı, gözlerimi açık tutmaya çalışıyordum ama buna gücüm yetmiyordu artık. Daha sonra gözlerimi açtığımda deden başımda duruyordu. Neler olduğunu anlamamıştım o an, sonradan bayıldığımı öğrendim.

Diğer çalışan arkadaşlarda başıma toplanmışlardı. Şaşkın şaşkın bakıyorken çevreme, deden o an bizlere hayatın bir oyun olduğunu söyledi. Adeta donup kalmıştık o söz karşısında. Asla unutamıyorum o günü. İnsanın yaşamını değiştirecek anlamlar gizliydi dedenin her sözünde."

"Bana da anlatır mısın nineciğim, dedem başka neler söylemişti size?"

"Deden çok çalışıp, buna rağmen yorulmamasının sırlarını anlatmıştı bizlere. Allah'ı her zaman vekil edindiğini ve böylece hep huzurlu, güvende olduğunu söylerdi. Her işinde Rabbimizin Ya Berr esmasını (kolaylaştıran) çekerek Allah'tan kolaylık dilerdi.

Eğer Allah'ı kendimize yakın görürsek ve her işimize O'nu zikrederek başlarsak; üzerimizdeki yükün hafifleyeceğini, fakat hayatın bize üzüntü, mutsuzluk getirdiğine inanıp, nefsin sesini dinlersek geçmişe takılı kalarak yaşam enerjimizi tüketeceğini anlatırdı. O an Rabbimi daha iyi hissediyordum.

Çoğu zaman O'nu kendimize dost olarak görememiştik çünkü. O yüzden mutsuzluk, mutluluktan daha fazla yansıyordu düşüncelerimize.

Deden, Allah'ı dost olarak algıladığı için, yaptığı işi de sürekli oyunun bir parçası olarak görüyordu. Kolaylaşıyordu her şey. Böylece yaptığı her şeyden zevk alarak çalışıyordu.

Tıpkı çocuklar gibi...

ÇOCUKLAR GİBİ CESUR YAŞA!

"Çocuklar mı? Çocuklar hayatı kendilerine arkadaş olarak mı görürler nine?"

"Evet canım, bir oyun olarak daha çok... Çocuklar hayatla hep güzel ve akıcı bir iletişim içindedirler. Deden bizlere çocukların düşüncelerini ve onların ne kadar azimli olduklarını anlatmıştı."

Zehra yaşlı nineye, "Sen de anlatır mısın bana ninecığim?" diye sordu büyük bir heyecan ile.

Bu soru karşısında Meryem nine bir an duraksayıp, gözlerini tavana doğru dikmişti. Birbirlerine zincirlenmiş sarmaşıklara bakarken, bir yandan da o günleri, bir film şeridi gibi tekrar tekrar aklından geçiriyordu sanki. Sonra başını öne doğru eğdi ve gözlerini Zehra'ya doğru dikti. Mutluluğun kilidini açacak başka bir anahtarı ona teslim edermişçesine, "Deden o gün çocuklar hakkında şunları söylemişti bize yavrum" dedi ve ardından ekledi.

"Çocuklar çok erken saatte kalkarlar. Neredeyse bütün gün hiç dinlenmeden koşar, zıplar, bir yerlere tırmanır ve atlarlar. Bitmek bilmeyen bir enerjiye sahiptir çocuklar; çünkü onların tüm hayatı oyun üzerine kuruludur. Yaptıkları her şeyi oyunun bir parçası olarak algılarlar. Bu yüzden de hiç yorulmaz çocuklar; çünkü yaşamdan sadece zevk almayı seçerler.

(Seçim haklarının kendi ellerinde olduklarını, daha sonra yakın çevreleri onlara unutturacaktır!)

Çocukların hayal dünyaları çok geniştir. Her istediklerine yılmadan, yorulmadan ulaşmaya çalışırlar. Onlar, korkunun ne olduğunu bilmedikleri için cesurca yaklaşırlar hedeflerine. Hedefleri her zaman nettir. Bu yüzden ne istediklerinin bilincinde ve kararlıdırlar her zaman. Zihinleri çocukları ele alamamıştır henüz...

Çocukların en büyük özelliklerinden birisi de, kimseyi suçlamamalarıdır. Çevrelerini suçlamadıkları için önlerine bir engel çıktığında, bu engeli sadece kendilerinin oluşturduğunu bilirler. Üstelik çocuklar kendilerini sınırlayan düşünceleri dışarıda değil, kendi içlerinde ararlar. Ve o an tek yaptıkları kendi önlerinden çekilmek olur.

Bunu, o kadar sevgi dolu ve sıcak duygularla yaparlar ki, hayat bile bir kenara çekilip hayranlıkla izler onları!

Yürekleri o kadar saf ve temizdir ki çocukların, hiçbir kuşku ve endişe duymazlar yaptıkları işten. Bu nedenle bulundukları anı doya doya yaşar ve sürekli motive içinde olurlar. Kendi içlerindeki enerjiyi sürekli canlı tutarlar. Gözlerinde hep bir gülümseme vardır çocukların. Işık gibidirler. Bulundukları ortam karanlıksa eğer rahatlıkla bir anda aydınlığa çevirebilirler.

Çocuklar imkânsız nedir bilmezler; çünkü sadece yapabilirim düşüncesi hâkimdir zihinlerinde. Onlar asla ben yapamam demezler.

(Daha sonra yakın çevreleri onlara sen yapamazsın, başaramazsın, senden bir şey olmaz düşüncesini aşılayana dek!)

Bu güçlü inanç sayesinde hedeflerine karşı 'İmkânsız yoktur!' düşüncesi içinde yaklaşırlar.

Kısacası çocukların her zaman net hedefleri ve umutları vardır ve o hedeflere ulaşabilecek cesaretleri...

Deden bu sözlerle yüreğimize dokunmuştu o gün. Ve bu sözlerinin ardından bir kâğıt çıkartıp, üzerini karalayarak bize vermişti.

Kâğıdı merakla alıp okuduğumuzda şu sözlerin yazılı olduğunu görmüştük:

Siz yüreğiniz ile kendinize inanırsanız, tüm dünya da size inanacaktır!"

"Siz anlatırken tahmin etmiştim! Bana verdiğiniz kartlar bunlar..."

"Evet canım. Bu kartlar bana dedenden kalmıştı. O gün bize yazılı olarak bu sözü verdiğinde 'Neden yazılı bir şekilde verdiniz' diye sormuştum merakla. O da bana gülümseyerek, 'Yazıların verdiği mesaj yüreğinizde, konuşmaların verdiği mesaj ise zihinlerinizde kalır' demişti."

Bunun üzerine Zehra, "Ben de bu satırları inanarak okuyup yüreğime yazacağım' diyerek heyecanını dile getiriyordu.

Zehra bir yandan da ninesinin anlattıklarını düşündükçe, kendisini suçlamaya başlıyordu. "Çocuklar bizim yapamadıklarımızı yapabiliyorlar, keşke çocuk kalabilseydim nineciğim. O zaman hayata bir çocuk gibi cesurca bakabilirdim..." dediğinde, Meryem nine Zehra'yı teselli eder bir ses tonlamasıyla devam etti sözlerine.

"Hayata cesurca bakmak için çocuk olmaya gerek yok Zehracığım. Önemli olan cesur olmayı gerçekten istemektir. Çocukların düşüncelerindeki sır da budur zaten: *Gerçek anlamda, tüm yüreği ile inanmak ve istemek...* Çocuklar kendilerine inanmamak gibi düşüncelere kapılmazlar. Bu konuda tereddüt bile duymazlar. Eğer bir çocuk gibi önce sen kendine inanırsan; tüm dünya da sana inanacaktır!"

Zehra yeni bir şeyler öğrenmenin heyecanı içindeydi. Tıpkı ufak bir çocuğun annesini soru yağmuruna tutuğu gibi sorular sormaya devam ediyordu. "Peki, dedem başka neler anlattı size nineciğim?" diye sorduğunda yaşlı nine, Zehra'nın bilgiye açık olup ve yüreği ile ona yaklaştığını hissettikçe hem mutlu oluyor, hem de severek anlatıyordu. Onun anlayışında, bir ruhun olgunlaşması, zamanla tüm dünyanın gelişimine etki edecekti. Bu yüzden kendisi de Zehra kadar heyecanlıydı.

Yaşlı nine, Zehra'nın az önceki sorusuna cevap vermek için derin bir nefes aldı ve "Deden, bize yaptığımız işi kendi içimizde *Allah'ın izniyle bu işi en güzel şekilde yapacağım* düşüncesinin önemini anlatmıştı canım. Dedenin bu sözü hâlâ kulaklarımda çınlıyor..." diyerek duygularını belirtikten sonra kaldığı yerden devam etti sözlerine.

"Hepimiz bu sözü yüreğimize haykırdıkça, kısa zaman içinde bu düşünceyi benimsemiş olduk. Buna o kadar çok inanmıştık ki, artık kendimizi çok daha değerli hissediyorduk. Her birimiz ayrı ayrı yaptığımız işi en iyi yapan insanlar olmuştuk. Bu düşünceyi yaşamımızın her alanında sürdürdük. Çalışırken, ev işlerinde...

Hatta bazı arkadaşlar okula giden çocuklarına anlatmışlar ve onlara da benimsetmişlerdi en iyi olma fikrini. Çok kısa süre sonra derslerini zorlukla yapan çocuklar bile artık severek bakmaya başlamışlardı ödevlerine.

Ben de ilk zamanlar senin gibi yaşamın zorlukları karşısında şikâyet ederdim. Ama hayatın zorluklarla anlam kazandığını, zorluklar olmadan rahat bir yaşantının insana azim, heyecan, merak ve istek vermediğini öğrendim. Yavaş yavaş kuruyan bir çiçek gibi, zamanla yapraklarımın döküldüğünü fark ettim ve rahatlık ortamından kendimi uzaklaştırdım."

Yaşlı nine bu sözlerin ardından Zehra'ya bir kart daha uzattı. Kartın üzerinde şu yazıyordu:

EKMEDEN ÖNCE DÜŞÜNEN İNSAN,
BİÇERKEN DÜŞÜNMEK
ZORUNDA KALMAZ!

Dünyamız her zaman ona kattığımız düşünce ve anlamlarla şekilleniyor. Hayatımıza ne katarsak karşılığında onu alıyoruz. Deden bizlere, 'Siz, sevgi bahçesinde açan birer sevgi çiçeklerisiniz...' derdi. İnsanın bu dünyayı koca bir sevgi bahçesi, kendisini de o bahçede açan nadide bir çiçek olarak hissetmesi ne hoştu.

İstediğimizi ektiğimizde, karşılık olarak ektiğimizi alıyorduk. Kalbimize stres, kızgınlık, suçlama ektiğimizde mutsuzluk ve öfke, sevgi ekince de karşılığında güzellikleri ve mutluluğu alabileceğimizi öğrendikten sonra kalbime her fırsatta sevgi tohumları ekmeye başlamıştım.

Deden şöyle bir ifade kullanmıştı o gün:

Ekmeden önce düşünürseniz,
biçerken düşünmek zorunda kalmayacaksınız."

Yaşlı nine bir süre durup soluklandı. Gözleri uzaklara dalıp gitmişti. Kısa bir süre sonra da devam etti sözlerine.

"Evet güzel kızım. Çok güzel bir yüreğe sahipti deden. Söylediği her sözün içinde mutlaka *SEVGİ* vardı. Kalbine sadece sevgi ve mutluluk tohumları eker, bunun sonucunda da sevgi biçerdi.

Bir şeyleri başarmak için zorluklarla karşılaşmam gerektiğini de dedenden öğrendim. 'Eğer yürüdüğünüz yolda zorluklar yoksa hemen geriye dönün; çünkü o yol sizi başarıya götürmeyen sapa, kör bir yoldur...' derdi deden. Bu sözler hepimiz için başarı yoluna uzanan bir köprüyü oluşturuyordu sanki.

Deden mutlu yaşamak için, sürekli değişim ve gelişim içinde olmamız gerektiğini anlatmıştı bizlere. Çok güzel bir söz söylemişti yine o gün, '*Mutlu yaşamak için gelişmek, gelişmek için öğrenmek, öğrenmek için sevgi gerekir*' diye.

Gerçekten de öyleydi. Mutlu yaşamak için gelişmek zorundayız her zaman. Gelişmek ise öğrenilerek edinilir. Öğrenmek ise yüreklilik ve sevgi gerektirir. *Sevgi dolu bir yürek her zaman öğrenmeye açlık duyar Zehracığım.*"

Yaşlı nine Zehra'ya elindeki kartlardan bir tane daha verdi:

**KENDİ YÜREĞİNDE
HİSSETMEDİĞİN BİR DUYGUYU
BAŞKASINA VEREMEZSİN!**

Zehra bu sözleri yüreğine yazdıktan sonra duygu yüklü bir ses ile "Bugün yaşamıma güzel anlamlar katmaya başladığım çok özel bir gün. Üstelik bu kartlara dokundukça dedemin de elimi tuttuğunu hissediyorum. Lütfen bana dedemi anlatmaya devam edin nineciğim" dedi.

Yaşlı nine bu paylaşımı daha sonraya bırakmayı düşünse de, Zehra'nın kendisini dinlemeyi yüreği ile istemesine dayanamadı ve sözlerine devam etti.

"Deden çoğu zaman, 'Önce kendi yaşantınıza bir şeyler katmalısınız, önce kendinizi sevmelisiniz ki daha sonrasında yaptığınız işi sevebilesiniz. *Çevrenizdeki insanlara bir şeyler verebilmek için, önce o duyguya sizlerin sahip olması gerekir'* derdi."

Meryem nine o günleri tekrar yaşıyordu adeta. Bir ara Zehra, ninesinin gözlerinin dolduğunu fark etti. Neredeyse ağlayacaktı yaşlı nine. Hatta birkaç damla gözyaşı sızmıştı kirpiklerinin arasından...

O an, "Görebiliyorum artık, değişen dünyada değişmeyen sadece bizim düşüncelerimiz!" nineciğim diye haykırdı Zehra...

DEĞİŞİM BU KADAR ACI MI?

Yaşlı ninenin Zehra'dan hiç beklemediği bir sözdü bu. Şaşırmıştı... Fakat Zehra'nın bu kadar kısa bir sürede, böyle bir düşünceye sahip olması çok mutlu etmişti kendisini.

"Değişen dünyada değişmeyen tek şey, maalesef insanların düşünceleri ve davranışları oluyor. Aslında insanlar da değişim içindeler, ama bunu kendi içlerinde fark edemiyorlar canım..." diyerek cevap verdi Meryem nine.

Zehra bu kez, "Ben arkadaşlarıma günlerinin nasıl geçtiklerini sorduğumda, *'Hep aynı, bildiğin gibi, değişen bir şey yok'* diyerek cevap veriyorlar. Hayat gerçekten de hiç değişmiyor mu nineciğim?" diye sorduğunda, Meryem nine sanki Zehra'nın bu soruyu kendisine sormasını bekliyormuşçasına hemen cevap verdi.

"Dünya sürekli değişim halindedir yavrum. Hayat bıraktığımız yerde durmuyor tabii ki. Hayat durağan değildir, bir nehir gibi sürekli akıp gider. Sonra bulutlar... Bulutlar da hareket halindedir her zaman...

Üstelik güneş her gün farklı sıcaklıkta ısıtıyor bizi. İklimler değişim içindeler. Sonra duygularımız değişiyor her an büyük bir hızla. Ama çoğu insan bu değişimleri fark edemiyor bile...

Üstelik insanlar bereketlerinin olmadıklarını düşünürler. Bereketi sadece rızık olarak görürler. Oysa saçlarımız uzuyor bak, tırnakların da öyle. Kirpiklerin de... Boyun uzuyor... Demek ki Allah'ın rahmet ve bereketi daima üzerimizde, ama bizler manevi bir uykunun içindeyiz adeta güzel kızım."

Zehra ninesine, "Peki, neden fark edemiyoruz, neden bizler de değişmiyoruz, dünyaya uyum sağlamıyoruz?" diye sordu bu kez şaşkınlık ve merak duygularının kapladığı ses tonuyla. Meryem nine, insanlığın çok önemli bir sorunu karşısında, onlara mesaj verirmişçesine, "Çoğu insan, hayatın her şeye rağmen devam ettiğini algılayamaz Zehracığım" dedi. "Sanki dünya durmuş gözü ile bakarlar yaşamlarına. Sonra da geri kaldıklarını hisseder ve suçlarlar çevrelerini.

O an keşke demeye başlarlar. Keşkeler ise, geçmişteki olumsuz duygularımızı bugünümüze taşırlar ve kendimizi suçlamaya başlarız bir anda. İnsan sürekli ya geçmişte ya da gelecekte olduğu için üzerindeki rahmeti de fark edemez. İşte bu şeytanın bir tuzağıdır, onlar az şükretsin, tefekkür içinde olamasınlar diye... Keşke şeytani bir kelimedir. Hep geçmişe gitmek için zihnin tuzak kelimesidir. Bu yüzden bizler keşke yerine, bir dahaki sefere deriz.

Biz, keşke şöyle yapsaydım derken, dünya bizi duymaz bile. Bütün hızı ile hiç durmadan devam eder dönmeye. Sonra yine zihne kulak veririz ve kendimizi değersiz, işe yaramaz hissettirir bize. Zihnin bu hilesini fark ettiğimiz an, o hataları düzeltmek çok daha kolay olacaktır aslında..."

Meryem nine bu sözlerin ardından, yüreğinin üzerinde taşıdığı kartlardan bir tanesini daha uzattı Zehra'ya...

HER İNSANIN İÇİNDE
GİZLENEN BİR KAHRAMAN VARDIR.
AMA KAHRAMANLAR GİZLENEREK DEĞİL,
DÜNYADA BİR İZ BIRAKARAK ANILMAK İSTERLER.

Ve ardından devam etti.

"Değişim; emek, sabır ve bazen de zorluklarla baş etme cesareti ister. İnsanların çoğu değişimin bu istekleri karşısında kendilerini güçsüz hissederler; çünkü o an kendilerine bir rahatlık ortamı oluşturmuşlardır. *Rahatlık ortamından çıkmak, değişime uzanan en büyük adımdır.* Hiç kimse elindeki tohumları tarlasına ekmeden ürün alamaz!

Deden bizlere çalışırken hep rahattan kaçınmamızı söylerdi. Sonradan anladım rahatlık duygusunun güzellikleri yaratmak için harekete geçmemizi engellediğini. İnsanlar sadece düşünerek, üreterek ve gerekirse zorlanarak sunabilirler güzellikleri. Bu duyguları rahatlık içinde hiçbir zaman hissedemeyiz canım.

Ben, dünyaya gelmek için zorlanan, ama bu zorlanmanın onun özgürlüğe doğru uçmasını sağlayacak bir sınav olduğunu bilen koza kelebeği gibi, değişimi ve zorlanmayı kabullenmesi gerektiğine inanıyorum insanların..."

"Peki değişimi nasıl hissedeceğiz nineciğim?"

"Değişim içinde olduğunu hissetmek için, kendine her gün şu soruyu sorabilirsin canım:

Dünden bugüne hayatımda değişen ne oldu?

Bu soruyu kendine sor ve sadece bekle. Çok kısa bir süre sonra, yüreğin sana bu sorunun cevabını verecektir:

Bir insan ancak, olumlu ya da olumsuz bir şekilde değiştiğini hissettiği an, olumsuz davranışlarını olumluya çevirip, olumlu davranışlarının sonucunda da gelişen güzellikleri paylaşabilir."

"Bunları bilmediğimiz sürece hayatı hep acı verici olarak algılayacaktık değil mi nine?"

"Kesinlikle..." dedi yaşlı nine ve ekledi:

"ASLINDA ACI OLAN YAŞAMIN KENDİSİ DEĞİL,
YÜREĞİMİZDEKİ
GÜCÜ
FARK ETMEMEKTİR..."

Meryem nine sözlerinin ardından durup Zehra'nın gözbebeklerini süzdüğünde, Zehra, ninesinin birazdan çok özel bir sırrı paylaşacağını hissetmiş gibiydi. Yaşlı nine, sanki tüm insanlığın kabahatini açığa çıkarırmışçasına, "*Her insanın içinde uyuyan gizli bir kahraman yatar. Ama kahramanlar gizlenerek değil yaptıkları güzellikler ile anılırlar. İnsanlar gerçekten tüm yürekleri ile inanırlarsa, içlerindeki o kahramanı sınırsız bir şekilde kullanabilirler. Allah bizi halife olarak kılmış ve bize güvenmişken bizim kendimize inanmamamız da zihnin bir oyunu Zehracığım... İçimizdeki kahramanı uyandırmamız için önce yüreğimizi fark etmemiz gerekiyor! Hayata yüreğimiz ile bakmak...*" dediğinde, "Bu nasıl olacak nineciğim?" dedi Zehra. "Hatırlıyorum! Daha önce bana pencereden bakmamı istediğinizde de çevredeki güzellikleri fark edeceğimi söylemiştiniz. Ben pencereden baktığımda, daha önce hiç fark etmediğim o cıvıl, cıvıl rengârenk kuşları, yol kenarındaki ağaçların o muhteşem doğa ile özdeşmiş yeşil renklerini görmüştüm. Siz de bana, 'Yüreğinle baktın da onun için' demiştiniz. Peki, yüreğimle bakmak, bu nasıl bir şey nineciğim?" diye sordu bu kez Zehra.

Meryem ninenin bu soru karşısında gözlerinin içi gülmüştü; çünkü sevgi'yi anımsatan her söz, onun yüreğinde bir sıcaklık hissi oluşturuyordu. Bu da yaşlı ninenin gözlerine yansıyordu. Zehra, yaşlı ninesinin gözlerindeki ışık ile birlikte yüzündeki mutluluğu görüp sesinin titreşimindeki sıcak sevgisini hissedince heyecanlanarak onu dinlemeye başladı.

"Güzel kızım. Sen aslında yeşilliklere baktığında gönlün açılmıştı. Yeşilliklere özellikle bakmanı istedim ve gökyüzüne, uçan kuşa. Her şeyin Allah'ın iradesi ile O'nun kudreti ile hareket ederek can bulduğunu fark etmeni istedim. Rabbimiz Kuran-ı Kerim Kaf Suresi'nde 'gökyüzünü yarattığını ama ona bakmadığımızı, bakarsak bir çatlak bile bulamayacağımızı ve dağlar ile yeşillikleri kalp gözümüzü açmamız için yarattığını' söylemektedir.

Ama biz maalesef Kuran'ı bile sevap için okumaktan, aşk'ı kaçırıyoruz.

Sana pencereden güzellikleri görmen için bakmanı söylediğimde, sen farkında olmadan, düşüncelerini sadece güzellikleri görmen için yönlendirmiş oldum. Sen tefekkür halindeydin. Tefekkür bir kanaldır, velilerin, peygamberlerin sürekli izlediği bir yoldur bir tanem.

Daha önce de söylediğim gibi, her şey bizim düşüncelerimizde sınırlıdır! Sen yaşamına hangi düşünce ve anlamı katmak istersen, o bakış açısı ile çevrene odaklanırsın.

Deden hayata yüreği ile bakardı her zaman. Ben de dedenden öğrendim yaşama yüreğim ile bakmayı. Baktığım her yerde güzellikleri gördüm; çünkü güzellikleri görmek için bakıyordum her şeye. Zorluklarla karşılaştığımda bakış açımı değiştirdim her zaman.

Zorluk anında yaşam bizlere iki seçenek sunuyordu: *Ya yaşadığın zorluklara isyan edeceksin, ya da tüm karşılaştığın zorlukları sana uzanan bir mucize olarak kabul edeceksin.*

Ben de, her zorluğun arkasında gizlenmiş ve bana kavuşmak için bekleyen bir hazinenin saklı olduğunu düşünerek, seçimimi olumludan yana kullandım. Biliyordum ki Rabbim bir hediye vermeden önce önüne engel koyuyordu ve arkasına hediyesini gizliyordu. Bu yüzden zorluk yerine, beni bekleyen hazineye odaklamış oldum kendimi. Hayatı, bir çocuğun oynadığı oyun olarak görmem, bana bu odaklanmayı sağlıyordu. Sonunda da yorulmadan hazineme kavuşuyordum.

Üstelik bu hazinenin boyutu ve değeri hiç önemli değildir. Çok küçük de olsa, küçük mutlulukların, ardından büyük mutluluklara uzanan bir köprüyü oluşturduğuna inanarak yaşamalı insan.

Sadece derdin arkasına baktığımda gördüm ki, sıkıntının arkasında bizi yükselten amel olarak derecimizi artırarak Allah'a yaklaştıran bir merdiven var aslında. Yaşamımızda başarısızlıklar da olacaktır tabii ki. Üstelik başarısızlık sonucu zihnimizde olumlu düşünceler ve alınması gereken derslerin olduğunu fark edebiliyorsak eğer, yaşanılanları başarısızlık olarak değil, bizleri eğiten birer eğitmen olarak görürüz.

Hayatı yaşayarak öğreniyoruz çünkü. Her olay olumlu ya da olumsuz bir deneyim kazandırıyor bizlere. Önemli olan olumlu deneyimlerimizi fark edip mutlu olmak, olumsuzluklara ise onlardan alacağımız dersler olduğu düşüncesi ile bakıp, bu dersleri kabullenmek ve ruhumuzu olgunlaştırmaktır canım.

Tarlaya buğday tohumları ektiğimizde, sonradan aralarında oluşmamış, içleri boş binlerce buğdayların çıktığını görürdük. Ama buna isyan etmez, sebeplerini araştırırdık. Ve yaptığımız hatayı bulduktan sonra, o olaydan ders almanın mutluluğunu yaşardık. Tıpkı az önce anlattığım gibi..."

Zehra bu duyduklarına çok sevinmişti. Sevgi yoluna doğru ilerlerken, kendi dünyasında mutlu yaşamak adına, ninesinden çok anlamlı bilgiler edindiğinin farkındaydı.

O an yüreğine şu sözlerle seslendi:

"Yolumdaki engelleri kendi kendime oluşturduğumun

farkındayım artık. Önümdeki en büyük engeli kendi düşüncelerimle oluşturduğumu biliyorum. Bundan sonra sevgi aramak ve beklemek yerine, içimdeki sevgiyle yaşayacağım. Böylece beklenti içinde olmadan, kendi önüme koyduğum engeli kaldırıp sonra da kucaklayacağım hayatı.

Şimdiye kadar yaşamıma bir başkasının anlam katacağını düşünerek sadece beklemiştim. Artık kendi yaşantıma, sadece kendimin anlam katabileceğimin farkındayım. Bundan sonra bir çocuk gibi yürekli, cesur ve kararlı olacağım.

Beklemek yerine net hedefler belirleyip, bu hedeflere ulaşmak için sadece yapabilirim düşüncesi ile yaklaşacağım.

Allah'ı her zaman vekil edineceğim, O'nunla çocukken olduğu gibi dostluk kuracağım. Değişen dünyayı artık fark edebiliyorum. Rahatlıktan kurtulup, değişim adına her türlü zorluğa kahramanca göğüs gereceğim. İçimdeki kahramanı uyandırma zamanı geldi şimdi. Şimdi hayata yüreğim ile bakma zamanı... Şimdi, her gün yeniden, yeni duygularla doğma zamanı!"

Zehra bu rahmani duygular içindeyken gözlerinin içi gülüyordu. Ninesine, "İçimdeki kahramanı nasıl uyandıracağımı ve yüreğim ile bakmama engel olan her şeyi bana anlatır mısın?" diye sorduğunda, yaşlı nine bu soru ile Zehra'nın yaşamında seçim hakkının da kendi elinde olduğunun farkına vardığını anlamıştı.

Böylece Zehra, üçüncü büyük adımı da atmıştı sevgi yoluna doğru.

İNSANLARI MUTLU ETMEYE ÇALIŞIRKEN, KENDİMİZİ MUTSUZ BIRAKTIĞIMIZI FARK EDEMEDİK!

Meryem nine büyük bir zevk ile anlatıyordu söylediği her şeyi...

YABANİ OTLAR

"Zehracığım" dedi buruk bir ses ile. "Bizlere çok küçük yaşlarda, farkında olmadan hep yanlış şeyler öğretildi. Bugüne kadar, anne babamız, hatta arkadaşlarımız istediği için bir şeyler yaptık. Sanki bizi yöneten bir başkasıydı her zaman. *İnsanları mutlu etmek için uğraşırken, kendimizi mutsuz bıraktığımızı fark edemedik.*

Oysa kendi yüreğimizi fark etmeden, kendi yüreğimize dokunmadan, bir başkasını fark ederek onun yüreğine dokunmamız imkânsızdı. Fakat biz imkânsızı aşıp önce başkasını sevmeye çalıştık, bunun sonucunda da ilişkilerimizde sorunlar yaşadık ya da yaşıyoruz.

Çevremizde bulunan ve bize sürekli olumsuz düşünceleri ile saldıran her sese kulak verdik; gazeteleri, aşırı duygusal dizileri-filmleri, boş laflarla dolu bizim yaşantımıza bir anlam katmayan gereksiz programları dinledik veya izledik. Fakat kendimizle baş başa kalıp ona hiç kulak vermedik! Hiç sormadık yüreğimize, 'Mutlu musun, senin için ne yapabilirim?' diye.

Aynanın karşısına geçip hiç konuşmadık kendimizle... Allah'ın değer vererek yarattığı bu varlığımızı hep değersiz hissettik...

Okşayıp güzel sözler söylemedik yüreğimize. Sonra yine haykırdık, önce kendimize sonra da yakın çevremize. Teşekkür ederken başkalarına, kendimize bir teşekkürü fazla gördük çoğu zaman.

Bizler sürekli doğru olanı ve suçluyu aramaya koyulduk. Peki, yıllarca bize yaşamı zindan eden o suçlu kimdi acaba? Belki de bunu kendimize sormaya korkmuştuk; çünkü sorduğumuz an bize, 'Mutsuzluğu sen kendin seçtin ve seçtiklerini yaşıyorsun' dediğinde, kendimizle yüzleşmiş olacaktık.

Bizlere çocuk yaşta insanları suçlamayı öyle bir öğrettiler ki, bir daha kendimizle yüzleşmeye korkar olduk.

Çoğu zaman olumsuz arkadaşlarımız oldu yanı başımızda. Bizlere sıkıntılarını paylaşmak için geldiklerinde, onları büyük bir sevinç ile karşılayıp heyecanla dinledik.

Arkadaşlarımızın sıkıntılarına, onların olumsuz düşüncelerine ortak olurken mutlu olduğumuzu sandık o an. Belki de rahatlatıyorduk insanları. Ama olumsuz duyguların zihnimizde yavaş yavaş yer ettiğini ve orada zamanla olumsuzluğun kökünü oluşturduğunu çok sonradan anladık.

Sevgi bahçemizde, sevgi çiçeği gibi açtığımızda, yanı başımızda yabani otlar da açtı çoğu zaman. İşte bu yabani otlar, hayata yüreğimizle bakmamızı engel oldular. Tıpkı az önce anlattığım hikâyede, Ayşe'nin yaşadıkları gibi bizim de yaşantımızda olumsuz şekilde etki yarattılar."

Bu sözleri işittikçe yüreği ısınıyordu Zehra'nın. Yüreğindeki sıcaklık bir anda gözlerine de yansımıştı zaten. O an ninesine, "Nineciğim bu olumsuz düşünceleri, yani sizin dediğiniz gibi yabani otları nasıl söküp atacağız bahçemizden?" diye sordu bu kez.

Artık kendisini sevgi bahçesinde açmış bir sevgi çiçeği olarak görüyordu Zehra.

Meryem nine, Zehra'yı kendi dünyasında bir çiçek olarak görmesine çok sevinmişti; çünkü dünyalarını sevgi bahçesi olarak betimleyen ender insanlar, kendilerini de bu bahçede açan sevgi çiçeği olarak benimsiyorlardı. Böylece her gün yeniden doğmanın mutluluğu içinde, yaşamları boyunca ferah ve huzurla nefes alıyorlardı.

Yaşlı nine, Zehra'nın az önce sorduğu soruyu yanıtlarken keyif içindeydi. "Güzel kızım..." diye başladı sözlerine. Birazdan ağzından dökülecek kelimeler, sanki yeryüzündeki kayaları toz parçası haline getirecek kadar etkiliydi. Yaşama meydan okuyan bir insanın cesaretli ses tonlamasıyla devam etti:

"Olumsuzluklar, her zaman bizim hayatımıza girmeye çalışacaklardır. Bu hayatın bir gerçeğidir. Biz bu dünyada yokken de sorun vardı, öldükten sonra da sorun olacak. Demek ki problem hayatta sorun olması değil, bizim problemleri sahiplenmemizdi..."

Zehra'nın nefesi düğümlenmişti sanki. Yüzü birden soluverdi. Kalbinin heyecanlı atışını tüm bedeninde hissediyordu.

Anlam veremediği bir duygu belirmişti zihninde, bu duygular içinde Zehra sesini güçlükle kontrol ederek, "Biz mi sorunları sahipleniyoruz nineciğim, bu nasıl oluyor?" diye sordu.

"Evet..." dedi yaşlı nine net bir şekilde ve devam etti sözlerine.

"Olaylar bizim onlara kattığımız anlamlarla şekilleniyorlardı hatırladın mı?

Sorun bir benlik ile olaylara yaklaşmamız! *Ben* mıknatıs gibidir, sorun ise bir ortak enerji gibidir yavrum. Daima orada durur. Biz *ben* olarak baktığımızda hayata sorunları kendimize çekmiş oluruz.

Örneğin şimdi sana bir şeyler tekrarlatacağım:

'Ben mutsuzum' der misin? Ve bunu birkaç kez tekrarla..."

"Ben mutsuzum. Ben mutsuzum... Ben mutsuzum..."

"Hissediyor musun şimdi üzerinde bir ağırlık bir kasvet oluştu. Peki şimdi de 'Mutsuzluk geldi' der misin?"

"Mutsuzluk geldi... Mutsuzluk geldi... Mutsuzluk geldi..."

"Şimdi farkı gördüm mü güzel yavrum... Mutsuzluk senden ötede kaldı. Sanki orada bir şey var, ortada duruyor, senden değil, sana ait değil.

İşte tüm sorun ben ile yaşama bakmaktı. Ben bir ağaç gibidir, ağaç varsa dalında meyve olur öyle değil mi? Ağaç yoksa meyve de duramaz.

İşte tıpkı bunun gibi Zehracığım. Ben varsa sorun vardır, beni çıkarttığın zaman aradan sorun da böyle senden uzak kalacaktır.

Unutma hayatın içinde hep sorun vardı ve olacaktır, asıl sorun bizim ona tutunmamız, kendimizden sanmamızdı.

Aynı şekilde korkuyorum yerine, korku geldi. Değersizim yerine değersizlik geldi diye artık bakabilirsin yaşama. Bu duyguların sana zarar veremediğini göreceksin..."

Zehra şimdi daha iyi anlamıştı ninesinin ne demek istediğini. Hayatını değiştirecek bu farkındalığın etkisi içindeydi.

Yaşlı nine, "Sen, zorluklara ve olumsuzluklara yüreğin ile en güzel anlamı katarsan, bu duyguların daha önce sana verdikleri endişe, korku, kızgınlık ve öfke yerine; huzur ve mutluluk hissi verdiğini duyumsamış olacaksın!

Üstelik korku, kızgınlık, öfke ve suçluluk düşüncesi yüreğimizi karartan zihnin fikirleriydi, bu karanlık duygular ise sevgiye ulaşmamızı, Rabbimize ulaşmamızı engeller.

Sana anlattığım, güzellikleri yaşamana engel olan çoğu şeyi biliyorsun artık. Ve seçim hakkının da kendi elinde olduğunun farkındasın. Geriye sadece içindeki olumsuz düşünceleri karanlığa gömmek kalıyor..." dedi.

Ve ardından ekledi:

"İNSANLARI AFFETMEK İÇİN ÖNCE KENDİNİ YÜREĞİNDE BAĞIŞLAMALISIN, BÖYLECE YAŞAMINDA KARŞINA ÇIKACAK TÜM GÜZELLİKLERİ DE FARK EDEBİLİRSİN."

AFFET VE RAHATLA

Derin bir sessizlik oluşmuştu. Zehra, ninesinin dudaklarını süzüyordu adeta. "Acaba bundan sonra neler anlatacak?" gibi bir ifade vardı yüzünde. İnsanların yaşadıkları en büyük sıkıntılardan birisi de "affedememe" duygusuydu. Meryem nine, insanların yüreklerini acıtan ve karartan bu duygunun, insan ruhunda derin yaralar açtığının da bilincindeydi.

Zehra'ya, daha önce yüreğine dokunamamasında büyük payı olan bu engelden söz etmenin vakti geldiğine inanıyordu artık. "Sevgi yoluna ulaşmak için insanların önünde bir set gibi duran ve duygularını sınırlamalarını sağlayan bir engeldir affetmeme duygusu. Sana bu duygudan da kısaca söz edeceğim canım" diyerek başladı sözlerine.

"Bu olumsuz engel, hem ruhen, hem de fizik olarak bir insanı çökertecek güce sahiptir. Birçok insan öfke içinde yaşıyor, oysa öfke, insan ruhunun ve kalbinin en büyük düşmanıdır!

KIZGINLIK VE ÖFKE İÇİNDE OLMAK,
YALNIZCA O DUYGUYU RUHUNDA BARINDIRAN
İNSANA ZARAR VERİR.

Kin zehirdir, içinde tutanı zehirler!.."

Zehra bu konuda kendisini çok sıkıntılı hissediyordu. Derin bir iç çekerek, "Nineciğim biliyorsunuz ben çok duygusal bir kızım. Değer verdiğim insanlar, bana karşı bir hata yaptıkları zaman onları sertçe suçluyor ve affedemiyorum" dediğinde, yaşlı nine yüzündeki tebessüm ile, "Seni çok iyi anlıyorum" dedi. Zehra bu tebessümün, ninesinin zorluklarla karşılaştığında ve her imkânsız sözünü işittikten sonra yüzünde oluştuğunu fark etmişti bir kez daha.

Zehra, boşluğa dalmıştı, ninesinin her şeye rağmen gülebildiğini düşündüğü bu sırada, yaşlı nine sözlerine devam edince birden irkilerek kendisini toplamaya çalıştı. Meryem nine devam etti sözlerine:

"İnsanları affetmek için önce kendi yüreğini affetmelisin! İnsanın kendisini affetmesi, yaşamı boyunca karşısına çıkan tüm güzellikleri de fark etmesini sağlar yavrum.

Ancak kendini affettikten sonra bir başkasını da rahatlıkla affedebilirsin; çünkü affetmeyi, affederek öğrenebilirsin.

Peygamberimiz Hz. Muhammed'in (S.A.V) bu konudaki hadislerini de seninle paylaşmak isterim Zehracığım. Efendimiz der ki:

Affedin ki, Allahü teâlâ da sizi affetsin ve şerefinizi yükseltsin! [İsfehani]

Sana zulmedeni affet, sana gelmeyene git, sana kötülük edene sen iyilik et, aleyhine de olsa mutlaka doğru konuş. [Ruzeyn]

Musa aleyhisselam, 'Ya Rabbi, senin indinde en aziz kimdir?' diye sordu. Allahü teâlâ da, 'İntikam almaya gücü yeterken affedendir' buyurdu.) [Haraiti]

Merhamet edenlere, Allah da merhamet eder. Siz yeryüzündekilere merhamet edin ki, göktekiler de size merhamet etsin. (Ebu Davud, *Edeb*, 58; Tirmizi, *Birr*, 16)

Üstelik insanların yaptıkları hatalar, onların kişilikleriyle ilişkili değildir ve her insan hata yapabilir. Önemli olan aynı hatayı tekrarlamamaktır. Affetmeyi seven insanın üzerinde Allah'ın sıfatları da vardır. Rahman (merhamet eden), rauf (şefkatli olan), gaffur (bağışlamayı çok seven), afüv (affı bol olan)... İşte kin ve nefret taşıyan insanlar üzerlerindeki bu esmaları elinin tersi ile adeta iterek aslında kendilerine zarar vermiş olurlar güzel kızım. Allah'ın rahmetinden uzaklaştırırlar farkında olmadan kendilerini!.."

Zehra şaşkındı. Bugüne kadar bunları kimseden duymamıştı. Ona kimse böyle anlatmamıştı...

Anlıyordu artık insanı en çok yoranın da affedememe duygusu olduğunu. Diğeri ise, 'Tüm insan ilişkileri çift yönlüdür, eğer ortada bir sorun varsa, bunun sebepleri her iki tarafta da vardır' düşüncesini kabullenmekti...

İnsanlar çoğu zaman sebepsiz yere yorulduklarını düşünürler. Bunların başlıca sebeplerinden bir tanesi de, sana az önce anlattığım gibi gereksiz sorumluluğun dışında yer alan affedememe duygusudur güzel kızım.

Eğer içimizde birisine karşı öfke duygusu taşıyorsak, bütün odak noktamız da o kişi üzerinde yoğunlaşacaktır. Öfke duygusu ile yaşayan insanlar yaptıkları işe tam olarak odaklanamadıkları için başarılı olamazlar ve en acısı da; insanların yaşamlarında karşılarına çıkan güzellikleri bu yüzden fark edememeleridir.

Kızgınlık ve öfke içinde olmak, yalnızca o duyguyu ruhunda barındıran insana zarar verir! O insan yüreğini ve ruhunu öfke ile kemirirken, öfke duyduğu insan ise çoğu zaman bundan habersizdir ve hayatını en iyi şartlarda yaşamaya koyulmuştur. Bu duygu durumu içindeyken yine iki seçenek çıkar insanın karşısına; ya affedecek, ya da öfkesine yenilecektir!"

Tam bu sırada Zehra, Meryem ninenin sözünü keserek, "Artık zihnim bana fitne fesat edemeyecek nineciğim, o yüzden ben de peygamberimiz gibi hep affetmeyi seveceğim!" diyerek haykırdı.

Yaşlı nine Zehra'nın bu sözlerinden sonra, onun kendi düşünce ve duygularını yönettiğinin farkına varmıştı. Zehra'nın önce kendisini, sonra da öfke duyduğu insanları affedebileceğine inanıyordu artık.

HASTALANMAK BİR SEÇİM!

O sırada Zehra'nın aklına son zamanlarda sık olarak yaşadığı hastalıklar geldi. Ninesinin pek fazla hastalandığı söylenemezdi. Zehra'nın aklında "Yaşlı nine kendisini hastalığa karşı bir şekilde koruyor?" düşüncesi vardı. Bir anda tekrar dedesini hatırlayarak yaşlı nineye, "Nineciğim, dedem de sizin gibi az mı hastalanırdı?" diye sorduğunda, yaşlı nine net bir şekilde "Hayır!" dedi. Ardından, "Deden de hasta olmak için kendisine izin vermezdi" diye ekledi. Küçük kız bir an duraksadı. İlkönce verecek cevap bulamasa da, sonrasında kendini toparlayarak; fakat şaşkınlığını gizleyemediği bir ses tonuyla, "Hasta olmamak için izin mi vermemek gerekiyor!" diye mırıldandı.

Genç torununun bu sorusu üzerine yaşlı nine hafifçe gülümseyerek, "Bir nevi öyle" dedi ve sözlerine devam etti. "Çoğu hastalığın temeli olan stresi, içimizi karartan düşüncelerimiz oluşturur Zehracığım. İnsanların yaşadıkları zorluklar, güvensizlikler, geleceğe duydukları kaygıları ve geçmişe duydukları pişmanlıkların da içimizi karartan duygular olduğunu sana daha önce anlatmıştım zaten."

Meryem nine bu son cümlesinin ardından zihnindeki kelimeleri toparlamak için kısa bir süre duraksadı. Ardından, odanın içinde pozitif enerji dalgaları oluşturan şefkatli sesinin tınlamasıyla devam etti sözlerine.

"Görüşmemizin başında sana Elif'in hikâyesini anlatmıştım, anımsıyor musun canım?"

"Tabii ki nineciğim. Elif de benim gibi sorunlar yaşamıştı. Hatta bir ara kendisini toparlamasına rağmen, sonrasında arkadaşından ayrılarak tekrar kendi içine kapanmış ve sebepsiz hastalığıyla yaşamaya devam etmişti."

"Evet canım. Annesinin tüm çabalarına rağmen kendisini toparlayamamıştı; çünkü kendisini içdünyasına kapayarak tüm hastalıklara da izin vermişti farkında olmadan..."

Zehra, ninesinin bu son sözleriyle onun ne demek istediğini anlamıştı. Yaşlı nine tüm hastalıkların ana nedeni olan stresin nasıl düşüncelerimizle adeta aktif hale gelerek insanları çaresiz duruma düşürdüğünü Zehra'ya sırasıyla anlatmaya başladı.

"Hasta olmaya izin vermek istemiyorsan güzel kızım, stresi var eden o karanlık duyguları içinde barındırmamakla harekete geçebilirsin. Mesela düşünce ve duygularını, boş bir kâğıda yazarak da anlatabilirsin. Gerekirse o kâğıdı sonra yırtıp atabilirsin de. Ya da kendine bir ağaç bulabilir ve onunla dost olabilirsin. Sıkıntını bir ağaçla da paylaşabilirsin. O senin tüm olumsuz enerjini çekip alacaktır. Önemli olan içindeki bu kara duyguları bir şekilde dışarı vurmandır canım.

Bir insanın içten hissettiklerini dışarıya tam tersi olarak yansıtması, yani yüreği kan ağlarken insanlara güler yüz göstererek güçlü gözükmesi gibi... Bu da, yine hastalığın başlıca sebeplerindendir Zehracığım."

Zehra, yaşlı ninenin bu son cümlesinden sonra araya girerek, "Bir insan neden yüreği kan ağlarken başkasına güler yüz göstersin ki?" diye sorduğunda. Yaşlı nine net bir ifade ile "Egosu, yani nefsi yüzünden, ama onu birazdan açıklayacağım yavrum" diyerek sözlerine devam etti.

"Aynı zamanda insanın hislerini dışarıya farklı yansıtması, ruhunda mikroplara karşı örmüş olduğu bütün güvenlik kapılarını da sonuna kadar açması demektir. Çünkü bir insan hem dışarıya olumlu ve güzel yönünü göstermeye çalışıp, hem de kendi iç güvenliğini bir arada sağlayamaz.

Sana az önce de söz ettiğim gibi Zehracığım, stresi var eden nedenlerin başında, insanların yaşam yolunda karşılarına çıkan zorluklar gelir. Bu zorluklar her zaman olacaktır, çünkü bunlar hayattan bir parçadır. Zorlukları ve sıkıntılara odaklanarak stres oluşturacağına sana az önce de anlattığım gibi, onları bir misafir, ötede duran bir enerji olarak da görerek hayatına yeni anlam katabilirsin...

Yaşamın zorluklarını kabullenmek, onların da hayatın bir parçası olduğunu görmek gerekir. Onları yeter ki sahiplenmeyelim. Bırak ortada bir enerji gibi duruversin. Bunun için de hangi kelimeleri kullanacağını biliyorsun artık. Mutsuzluk geldi gibi..."

Bu sözden sonra Zehra tekrar araya girerek, "Peki nineciğim hastalığın en büyük ilacı nedir?" diye sorduğunda, Meryem nine hiç düşünmeden cevapladı.

"HASTALIĞIN EN BÜYÜK İLACI:
RAHMANİ DÜŞÜNEREK HAYATA
GÜLEN GÖZLERLE BAKMAKTIR..."

İYİLİK YAPAN NE BULUR?

Zehra'nın aklına dedesinin ve yaşlı ninenin iyimser oluşu takılmıştı şimdi de. Çünkü onun düşüncelerinde, uzak çevresinde gördüğü ve duyduğu ilişkilerde hep, iyilik yapanın hep kötülük bulduğu düşüncesi yer etmişti. Hatta bir arkadaşının söylediği "iyilik yap denize at" sözü de aklını sürekli meşgul etmişti bugüne kadar. Nasıl oluyor da iyilik yapan bir insan karşılığında kötülük bulabiliyordu!

Şaşkınlık ve merak duyguları yine aklının içinde birbirini kovaladığı sırada yaşlı nineye "Nineciğim, dedem ve siz bugüne kadar çok iyilikler etmiş olmalısınız, peki karşılığında hiç kötülük buldunuz mu?" diye sorduğunda, yaşlı nine sevgi dolu bakışlar arasında, "Evet güzel kızım, biz iyilik etmeyi çok severdik; çünkü iyilik ve yardım etmek dedeni ve beni huzurlu kılardı" diyerek cevap verdi.

Zehra, yaşlı ninenin cevabı üzerine hiç beklemeden sordu. "Peki iyilik yapan neden kötülük buluyor?"

Aslında yaşlı nine Zehra'nın soruyu buraya getireceğini tahmin ediyordu. Ona vereceği cevaplar konusunda her zamanki gibi hem çok açık, hem de çok kararlı ve netti. Birden ayağa kalktı ve odanın uzun duvarının köşesinde duran şifoniyerine doğru yürüdü. Orta çekmecede sakladığı gazete kupürlerini çıkardı ve tek tek onlara kısaca göz attı. Sonrasında içlerinden birini alarak tekrar Zehra'nın yanına geldi. Yaşlı nine, yine yıllar öncesinde okuduğunda çok etkilenerek sakladığı bir hikâyeyi torununa uzatarak okumasını istedi.

Zehra okumaya başladı, iki adamın hikâyesiydi bu...

"İleri derecede hasta iki adam aynı hastane odasındaydılar. Adamlardan birinin her öğleden sonra bir saatliğine oturmasına izin veriliyordu, ciğerlerindeki suyun süzülmesi için. Bu hastanın yatağı odadaki tek pencerenin tam yanındaydı. Diğer hasta ise hep sırtüstü yatmak zorundaydı.

Bu iki hasta saatlerce birbiriyle konuşur, eşlerini, ailelerini, evlerini, işlerini, askerlik anılarını, tatilde gittikleri yerleri anlatırlardı birbirlerine. Pencerenin yanındaki hasta, her öğleden sonra oturmasına izin verdikleri saati diğer hastaya pencereden görebildiklerini anlatarak geçiriyordu.

Diğer hasta hep bir sonraki günü iple çekmeye başladı, dışarıdaki renkli ve hareketli dünyayı dinlemek için. Pencere başındaki adam anlatıyordu: 'Bugün deniz sakin hava da çok güzel fakat biraz rüzgâr var sanırım; çünkü uzaktaki teknenin yelkenleri rüzgârla doluyor. Park bu sabah fazla kalabalık değil, salıncaklardan bazıları boş kalmış, ama neşe içinde sallanan iki çocuk var. İşte dünkü sevgililer tekrar geldiler ve aynı yere oturdular.

El ele tutuşup konuşuyorlar, birbirlerine ne kadar da yakışıyorlar. Erguvan ağaçları ne kadar güzel açmışlar, her yer mor renge bürünmüş, erik ağaçları da beyaz çiçekleriyle sanki onlara eşlik ediyorlar. Denizin üstünde martılar adeta birbirleriyle yarışıyor, yeni bir av kapma telaşındalar. Denizden balık kapmak için ne güzel dalışlar yapıyorlar...'

Pencere kenarındaki adam bunları muhteşem bir detayla anlatırken, odanın diğer ucunda yatan adam gözlerini kapar ve bu muhteşem manzarayı hayalinde canlandırırdı.

Sıcak bir öğleden sonra, pencerenin yanındaki adam geçmek-

te olan bir şenlik alayını tarif etti. Diğer adam bando seslerini duyamasa bile hayalinde canlandırabiliyordu, pencere kenarındaki adamın tasvirleriyle günler ve haftalar geçmişti.

Bu her gün böyle sürüp gidiyordu, ta ki cam dibindeki yaşlı adam kalp krizi geçirip ölünceye kadar. İşte o an da duvar dibindeki yaşlı arkadaşı düğmeye bassa, görevli hemşire ya da doktor gelecek ve arkadaşının hayatı kurtulacaktı. Ama yapmadı, basmadı o düğmeye. Kendine göre haklı gerekçeleri vardı.

Çoktandır sadece dinlemekle yetindiği, ama bir türlü göremediği manzaraya bakabilir, dışarısını zevkle seyredebilirdi. Cam kenarına geçmek için iyi bir fırsattı bu ve arkadaşının ölümüne sessiz ve seyirci kaldı. İstediği olmuştu. Uygun zaman geçtiğine kanaat getirir getirmez, odaya gelen hemşireye diğer hasta pencerenin kenarındaki yatağa taşınmasının mümkün olup olamayacağını sordu.

Hemşire memnuniyetle isteğini yerine getirdi, hastanın rahat olduğundan emin olduktan sonra onu yalnız bıraktı. Yavaşça, duyduğu acıya aldırmadan, bir dirseğine yaslanarak dışarıdaki dünyaya bakmak üzere yatağından doğruldu adam. Sonunda, dışarıyı kendi gözleriyle görme zevkini yaşayabilecekti. Pencereden dışarı bakabilmek için yavaşça dönmeye zorladı kendisini, zorladı ve dışarı baktı.

Adam gördüğü manzara karşısında bir anda şok olmuştu; çünkü pencere, boş bir duvara bakıyordu. Adam hemşireye, vefat eden oda arkadaşının pencerenin dışında görünen harika şeylerden bahsettiğini söylediğinde, hemşirenin cevabı, ölen adamın kör olduğu ve pencerenin önündeki duvarı görmediğiydi ve ardından ekliyordu:

'Sanırım sizi mutlu etmek istedi!' "

Zehra bu kısa hikâyeyi okuduktan sonra gözlerini kâğıttan kaldırarak ninesine doğru dikti. Bir şeyler söylemek istiyordu, ama nefesi boğazında adeta bir yumru olmuş ve onun konuşmasını engellemişti.

İkisi de bir süre konuşmadılar. Sonrasında Zehra, "Nineciğim, maalesef buradaki hikâyede de iyilik yapan kötülük bulmuş" diyerek hem sessizliği bozmuş, hem de düşüncelerinin tescillendiğine inanmıştı. Ama genç kızın bu inancı uzun sürmedi. Yaşlı nine o sevgi ve şefkat dolu sesinin ince tınısıyla söze başladı.

"Güzel kızım, önemli olan sevgi ve dostluk bilincini harmanlayarak her şeye rağmen sendeki güzelliği verebilmenin huzurunu yaşamaktır" dedi ve ekledi. "İyiliğin benim için gerçek anlamı:

İYİLİK
KARŞILIK
BEKLEMEDEN
VERİLEN HİZMET
VE
YARDIMDIR.

Bazı insanlar iyiliği, geçmişe bir yatırım olarak görür ve böylece yaptığı iyiliğin arkasında bir beklenti duygusu besler. Çıkarları doğrultusunda iyilik yapan milyarlarca insan var yeryüzünde. İşte bu tür insanların çoğu iyilik karşısında kötülük bulduklarını savunurlar! Aslında bu insanlar iyilik yaptıklarını sanan, ama gerçekte iyilikle ilgisi olmayan insanlardır.

Çünkü:

HİÇ
KİMSE BEKLENTİ İÇİNDE OLDUĞU
SÜRECE GERÇEKTEN
İYİLİK ETMİŞ OLMAZ.

Olumlu ya da olumsuz ne şekilde olursa olsun gerçek anlamda yüreği ile inanarak iyilik yapan bir insanın hiçbir beklentisi de yoktur Zehracığım."

Bu sözlerinden sonra yaşlı nine Zehra'ya, "İnsanlar belki de iyilik yaptığını sanıyorlardır ne dersin?" diyerek göz kırptı. Zehra, ninesinin söylediği bu son cümleyle kendisine bir şey ima ettiğini anlamıştı.

Düşünmeye başladı.

"Ninem belki de haklıydı. Belki de ben bugüne kadar hep iyilik yaptığımı düşünmüştüm. Bu derece içimi karartmış ve kendime bir şey veremezken, kendime iyilik edemezken bir başkasına nasıl iyilik edebilirdim ki? Edemezdim..."

Zehra'nın aklına o an kafede buluştukları kız arkadaşları geldi. Güya Zehra'yı rahatlatmak için gelmişlerdi oraya. Onunla paylaşmak, dertlerine derman olmak, ona, bu zor anında yaslanması için güvenilir bir omuz sağlamak için gelmişlerdi. Ama... Ama kendi dertleri ile iyice boğmuşlardı Zehra'nın zaten kararmış olan ruhunu...

Evet, Zehra artık iyilik yapmanın gerçek anlamını ve nasıl yapıldığının farkındalığını kazanmaya başlamıştı. Bundan sonrası için bu konuda daha hassas davranma kararı aldı. Hiçbir şey için geç kalmadığını artık çok iyi biliyordu genç kız.

BENLİĞİNİ FARK ETMEK

O sırada aklına yaşlı ninenin az önce söylediği söz takılıvermişti.

"İnsanların yürekleri kan ağlarken nasıl yüzleri gülebilirdi?" Zehra, aklına takılan bu soruyu çok geçmeden yaşlı ninesine sorduğunda, yaşlı nine derin bir nefes alarak oturduğu koltukta biraz öne doğru eğildi ve kendini toplayarak tekrar arkasına yaslandı.

Onun bu davranışı Zehra'ya, sanki konuşmaya tekrar başlayacakmış gibi heyecanlı ve uzun bir konuşma yapacağının sinyallerini vermişti.

Meryem nine genç torununun kendisini dinlemekte hazır olduğunu hissedince, "İnsanlar başkalarının haklarında olumsuz düşünmesini istemezler" diyerek sözlerine başladı ve ardından devam etti.

"Dışarıya gülen yüzlerini göstermeleri de bu yüzdendir. Çünkü dışsal görünümün çekiciliği ve yarattığı pozitif etki onlara onaylanmış olarak geri dönecektir. Onay ise kendine güvenmenin açlığını sonuna kadar doyurur insan ruhunda. Ama çok çabuk geçer etkisi; çünkü o dışarıdan gelmiştir ve ait olduğu yere çok hızlı bir şekilde dönecektir.

Asıl olan insanın kendine olan inancı ve güvenidir. Evet, güzel kızım. Artık yaşam yolunda karşına çıkacak olan sorunları çözebilecek durumda görüyorum seni. Şimdiye kadar edindiğin farkındalıklar, seni dışsal yöne yani insanlara olan odağından çekerek kendine odaklanmanı sağladı. Bu aynı zamanda kendini keşfetme yolunun başlangıcıdır Zehracığım.

Sorun çözücülük, sadece kendine odaklanmak ile başlar. Şimdi sana kendine nasıl odaklandığını, yaptığın seçimlerin bir tohum gibi nasıl işlediğini ve biçim alarak şekillendiğinden biraz söz edeceğim güzel kızım.

İnsan doğduğunda sadece kendi vardır, her şeyi, hatta karnını doyurmak için kullandığı anneciğinin memesini bile kendinden bir parça olarak algılar. Dış dünyaya tamamen kapalıdır zihni; çünkü onun için dış dünya yoktur. Sonra yavaş yavaş anneciğinin memesini ayrımsamaya başlar. Biraz büyüdüğünde kendinden bir parça olmadığını fark eder. Ardından anne baba, kardeş ya da diğer yakınlarını algılayarak onları da görme ve birlikte olma sıklığına göre kendince, o ya da onlar diye ayrımsamaya başlar.

Bu ayrımsama aynı zamanda, onun hem dış dünyasını kurmaya, hem de benliğinin sınırlarının oluşumuna olanak sağlar."

Yaşlı nine tam sözlerini sürdürecekti ki, Zehra yine kendisini tutamayıp araya girerek "Benlik nedir nineciğim?" diye sordu. Yaşlı nine gülümseyerek yanıtladı torununu.

"Benlik, insanın kendisini algılama biçimidir yavrum. İnsanın kendi içine bakışı ve çevresinin kendisi hakkındaki düşüncelerinin birlikte algılanması ile biçimlenerek benlik duygusu oluşur."

Zehra şaşkındı, ama onun şaşkınlığı bu defa ninesinin anlattıklarından değildi. Bu tür derinlemesine bilgilere sahip olmanın özel bir eğitim gerektirdiği duygusuna kapılmıştı ve ninesinin bu bilgilere nasıl sahip olduğunu merak ediyordu. Merak dolu bakışlar arasında yaşlı nineye, "Siz bu konuları nereden biliyorsunuz nineciğim, özel bir eğitim mi almıştınız zamanında?" diye sordu bu kez.

Önce gülümsedi ve ardından evet dercesine başını hafifçe öne doğru salladı ve ekledi. "İnsanın kendini tanıması, ne olduğu, nasıl düşündüğü hakkında bilgi ve eğitim alması kadar güzel bir şey var mıdır sence Zehracığım? Diğer türlü çoğu insanın yaptığı gibi boş vermişlikler ile bir yere varamaz insan. İnsanın bir yaşam amacı olmalı, ama her şeyden önce kendisini tanımalı diye düşünüyorum ben.

Sorduğun soruya gelince, yüzlerce kitap okudum gelişim üzerine. Yaşıma bakmadan onlarca kursa, eğitime de katılmıştım çünkü benim bir hayat amacım vardı. Geldiğim dünyayı daha güzel bir yer olarak sizlere bırakarak görevimi tamamlamak istiyordum. Ama en çok da bana katkı sağlayan hayat oldu. Çünkü ben hayatı ve insanları okudum bir tanem. Benim de varoluş amacım buydu anımsadın mı? Bildiklerimi hem yaşamımda uyguladım, hem de seninle paylaşarak ahretime giden yolda dünyamda bir iz bırakıyorum."

Yaşlı nine gözlerindeki ışık ve yüzünde amacına ulaşmış olmanın verdiği huzur ile Zehra'ya tebessüm ederek, "Şimdi kaldığımız yerden devam edelim mi?" diye sordu.

Zehra kendini tanıma sürecinde olduğu için çok heyecanlıydı. Zaten yaşlı nine ile sohbetlerinin başlangıcından bu yana heyecanı, o küçük bedenindeki kocaman yüreğinde hiç eksik olmamıştı. Bu duygular içinde, "Tabii ki nineciğim, ben seni dinlemek için hazırım" dedi bir kez daha.

"Ayşe'yi hatırlıyor musun güzel kızım?" diye sordu ve sözlerine devam etti. "Kendisini akıllı, huzurlu ve mutlu bulurken arkadaşları ona bu düşüncelerinin tam tersini söylemişlerdi. Ayşe de zamanla arkadaşlarına inanarak bu söylenenleri yaşamının gerçeği olarak kabullenmişti. İşte yüreğinin sesini dinlemeyi bıraktığın zaman, bu boşluğu hemen zihnin doldurur ve seni insanların düşüncelerine bağımlı kılar.

İnsanın iç sesine kulak verişi, bu kutsal bir sestir. Bu sesi çoğu zaman hissettiğini biliyorum, işte buna ben yüreğin sesi diyorum. Diğeri ise, bir insanın çevresindeki insanların söylemleriyle huzuru elde etmesini sağlayan kısmıdır. Buna insanlar 'Zayıf Ego' ya da 'Dışsal Benlik' diyorlar."

O sırada Zehra sordu: "Peki nineciğim, bu ikisinin arasında ne gibi fark var?"

Meryem nine bilgece anlatmaya başladı. "Dışsal benlik dedikleri, yani zayıf egon, dışarıdaki insanların düşüncelerine göre kendisine doyum sağlar. Bencildir. Ben herkesten farklıyım, ben üstünüm şeklinde düşünür. Ama o, senin gerçeğin değildir; çünkü onu, toplumun görüşleri var etti. Dış benlik yani zayıf egon, sürekli doyuma ulaşma arzusu taşıdığı için dışarıdan da devamlı olarak onaylanmak ister. Seni sürekli dışarıya bağımlı tutmasının nedeni aslında, seni kendinden uzaklaştırmaktır. Çünkü sana zarar veren bu yapısının fark edilmesini istemez ve o hep sevgi arayışındadır.

Yüreğinin sesi yani içsel benliğinin ise, dışarısı ile bir bağlantısı yoktur. O, tüm huzurun, ilahi olanın insanın kendi içinde olduğuna inanır. Böylece kimseye bağımlı hissetmez kendisini. İnsanların ne söylediği ve ne düşündüğünün kendi için hiçbir önemi yoktur. Üstelik yüreğinin sesini ve sana yaptırmak istediklerini rahatlıkla kontrol edebilirsin, ama ne yazık ki insanların onunla iletişimi zayıf olduğundan çoğu zaman fark edilemezler bile.

Bütün soruların cevabının bulunduğu yer işte burasıdır. O, bizden kendimize sarılmayı, zaman zaman kendi sırtımızı sıvazlamamızı ister. Aynaya bakarak kendimize sevgi dolu sözcükler söylememiz, onun bizim hakkımızda gerçek mutluluğu istemesindendir."

Ninesinin kısa bir soluk almak için duraksadığı anda Zehra, "İnsanların kendilerine ya da dünyaya olan güvensizliklerinin nedeninin benlikle bir alakası var mı nineciğim?" diye sorduğunda, "Elbette" diye yanıtladı Meryem nine. Sonrasında önündeki sehpaya doğru eğilerek üzerinde duran su bardağını aldı ve birkaç yudum alarak kuruyan dudaklarını nemlendirdi.

Ardından Zehra'nın bilgiye doyumsuzluğunu ve kendi dünyasında bir iz bırakma arzusu taşıdığını gözlerindeki parıltıdan sezerek konuşmasını sürdürdü.

Biraz sitemkâr bir ses tonuyla, "İnsanlar kuvvetsiz benliklerine kanarak görünüşlerini ve nasıl algılandıklarını düşünmek yerine içsel benliklerine yani yüreklerinin sesine odaklansalardı, kendilerine olan güven ve saygıları da son derece yüksek olurdu" dedi.

"Peki" diye karşılık verdi Zehra ve ekledi: "İçsel benliğimizin yani yüreğimizin sesini duymak ve gerçek huzuru elde etmek için ne yapmamız gerekecek? doğru olanı nasıl bulacağız?"

Yüzündeki tatlı tebessüm ile cevap verdi yaşlı nine: "Rabbimiz Şuara Suresi 78'de 'Beni yaratan mutlaka doğru yolu gösterir' ayeti ile bu soruna cevap veriyor zaten bir tanem. Yeter ki sen Allah'ı vekil edin."

Yaşlı nine son cümlesini bitirir bitirmez Zehra, merak içinde aklındaki soruları sıralıyordu ninesine. "Peki nineciğim, içsel benliğimizi, yüreğimizin sesini kontrol edebiliriz demiştiniz, sonra da onu çoğu zaman duymadığımızı ve onunla sağlıklı bir iletişim içinde olmadığımızı söylediniz. Ya dışsal benliğimiz, kuvvetsiz olan egomuzu kontrol edebilir miyiz?"

Hafifçe gülümseyerek cevapladı yaşlı nine.

"Diğer insanların duygu ve davranışlarını kontrol edemediğimiz gibi, kuvvetsiz ego'muzu da kontrol edemeyiz yavrum. Ama kendini tanıma sürecinde yüreğin sana gerçek kimliğini gösterecek ve yaşamını bir arının sanatı gibi işleyerek, tatlı bir şekilde hayat sürmene olanak sağlayacaktır."

"Peki, ya dışsal benlik nine, onu hiç mi dinlemeyeceğiz?"

"Tabii ki dinleyeceğiz canım. O da hayattan bir parça, üstelik içsel ve dışsal benlik birlikte bir bütünü oluştururlar. Tıpkı toprağa atılmış bir tohumun bitki olma yolunda suya ve güneşe ihtiyaç duyduğu gibi. Tohum filizlenmek için dışarıdaki hava ve suya her ne kadar ihtiyaç duysa da, onun gerçekliği içindedir canım.

Üstelik biraz düşündüğümüz zaman zayıf egomuzun da bazı yönlerinden kendimize olumlu yönler çıkarabiliriz."

"Ama bizi kendimizden uzaklaştıran bir dışsal benliğin, bize nasıl faydası olabilir ki nineciğim?"

"Dışsal benlik çevremizle ilgili olduğu için onun diğer insanlarla olan iletişimini örnek alarak, kendi yüreğimizle yani içsel benliğimizle sağlıklı bir iletişim kurabiliriz yavrum.

Örneğin, onun başkalarını sevme yolunda kullandığı yumuşaklığı, hassaslığı ve etkili davranışlarını model alarak iç sesimizle iletişimimizde kullanabiliriz. Sevdiğimiz bir insana nasıl en güzel sözleri söyleyerek ruhunu okşuyorsak, o sözlerle kendi kutsal ruhumuza da seslenerek ona merhaba diyebiliriz. Bir başkasının sıkıntılarını nasıl heves ile dinliyorsak, kendimizi de aynı şekilde sorunlar yaşadığımızda dinleyebiliriz.

Şunu asla unutma ki güzel kızım, kendini sevme sürecinde içindeki kutsal sesin farkında olman, önüne çıkan tüm sorunları da sevgi ile kucaklamanı sağlayacaktır."

Yaşlı nine, kendini tanıma sürecinde Zehra'ya anlattığı benlik kavramının sonuna geldiğinde, içsel ve dışsal benliği şu sözleri ile son kez ayırıyordu.

"EGO, SANA BAŞKALARINI SEVMENİ SÖYLER.
İÇİNDEKİ KUTSAL SES İSE ÖNCE KENDİNİ SEVGİYLE DOLDURMANI, SONRA DA BUNU BAŞKALARIYLA PAYLAŞMAYI ÖĞÜTLER.
UNUTMA Kİ ANCAK SENDEN OLANI BAŞKASINA VEREBİLİRSİN!.."

Yaşlı nine sözlerini bitirdikten sonra rahatlamış bir şekilde arkasına yaslandığında, Zehra da kendini tanıma yolunda ninesinin anlattıklarını içselleştiriyordu. Başını öne doğru eğdi ve gözlerini kapatarak, "Aslında yaşam zor değilmiş" diyerek düşünmeye başladı genç kız. "İnsanların yaşama karşı aldıkları tavır, onu hep engellerle tanımlamaları, aslında beni de bugüne kadar olumsuz etkiledi. Belki o kadar çok sorun yaşamadım, ama duyduklarım ve gördüklerim zihnimde, bana dünyanın yaşanılması zor bir yer olduğu inancını oluşturdu hep.

Ve ben de şuursuzca inandım söylenenlere. Zayıf benliğimin kontrolünün dışarıdaki insanların elinde olduğunun farkındayım artık. Onun doyumsuzca bir çatışma içinde oluşuna kulak asmayacağım; çünkü artık biliyorum ki, aradığım her şeyin kaynağı içimdeki kutsal seste. Bana gerçek huzurun nerede olduğunu söyleyen içsel benliğimi sevgi ile kucaklayacağım bundan sonra. Sadece onun öğretilerine kulak vererek, var olmanın saf ve ılımlı akışını hissedeceğim yüreğimde...

Evet, evet şimdi çok daha iyi hissediyorum kendimi. İçimde kimi zaman boşluklara yön verdiğim, fakat bunlarla bir bütünüm ben. Bu halimle, kendimi olduğum gibi kabul edince huzurluyum..."

Zehra, duyumsadığı sıcak duyguların vermiş olduğu hafiflik ile gözlerini açarak başını hafifçe kaldırdı ve gözlerini yaşlı nineye odakladı. Adeta ışık saçıyordu gözleri Zehra'nın. Bir anda hafifçe kararan odanın içini dolduruyordu parıltılı bakışları, bir güneş gibi. Az önce kendi yüreğini ve tüm hücrelerini ısıtarak akıp giden duyguları, şimdi güneşi kıskandırırcasına ninesinin de içine dolmuştu. Yaşlı nine Zehra'nın bir su gibi berraklaşarak, kendi yolunu tıkamadan aktığını görüyordu büyük bir okyanusa doğru. O sırada Zehra "Çok huzurluyum nineciğim" diyerek uzun süren sessizliğini bozdu.

"Bunu görüyorum yavrum" diye yanıtladı, yaşlı nine genç torununu.

KORKULARIN ARKASINDAKİ DÜŞÜNCE

Ama Zehra, diğer insanlar gibi mutluluğun ve huzurun kalıcı olmadığını ve kısa bir zaman sonra yüreğinden akıp gideceğini düşünerek kaygılanmaya başladı bir anda. Endişeli sesinin titrek tınısıyla "Yalnız içimde bir korku var nineciğim, bu korkum kendime karşı. Yeniden aynı şeyleri yaşayarak en başa dönmekten korkuyorum belki de..." diyerek susuverdi.

Yaşlı nine yüzündeki tebessüm ile baktı uzun uzun gözlerine genç torununun. Sonra Zehra'ya doğru eğildi. Ellerini uzatarak torununun ellerini kavradı avuçlarıyla. Ve onun yüreğine bir kez daha merhaba demeye hazır hissedince kendisini devam etti sözlerine.

"Sen artık daha farklı düşünmeyi öğrendin yavrum. Korkuyu çoğu insan düşünüyor zaten ve kendilerini huzurlu ve mutlu hissettikleri an geleceği düşleyerek, kaygı yaparak bu muhteşem anı yaşamadan yüreklerini karartıyorlar. Unutma kalbinden geçen her şey niyettir ve niyet duadır. Senin dileğindir. Biz aslında, mutlu olamayız, bu bizim kaderimiz, ben şanssızım, ben bahtsızım, ben huzurlu olamam derken farkında olmadan bu şekilde yaşamaya niyet etmiş oluyoruz.

Hz. Mevlana ne güzel demiş:

'Gül düşünür gülistan olursun, diken düşünür dikenlik olursun' diye.

Dikkat edersen insanlarda çok yüksek bir enerji vardır, uzun zamandır görmediğin birini düşündüğünde o birkaç gün sonra karşına çıkar ve şaşırırsın. Bu çoğu zaman olmuştur. Çünkü biz niyetine giriyoruz. Aslında dua ediyoruz o insanı görmek için.

İşte insan da ben mutsuz olurum, eşim beni aldatır, ben iş bulamam diye kaygılandığında aslında kendine beddua etmiş oluyor! Bundan sana konuşmamızın başında da söz etmiştim anımsadın mı?

Şunu hiçbir zaman unutma ki; güzel niyet ile yaşayanlar, diğerlerinden farklı düşünerek yaşamını cennet bahçesine çeviren insanlardır Zehracığım.

Yüreğinin sesine odaklan, insanların ve kendi zihninin zehirli düşüncelerine kapat kulaklarını. Sen bir okyanusa akan nehirdin unutma. Önünde engeller de olsa, nehir okyanusuna kavuşmak için bir yol bulur kendisine. Eğer bir yol bulamazsa kendine yeni bir yol açar amacına ulaşmak için. Hayallerini zihninde bir resim gibi taşırsan eğer, bir nehir olur akarsın büyük okyanusuna doğru güzel kızım.

Sonra okyanusunun üzerinde bir sandal olur küreklerini çekersin mavi suların yumuşak berraklığında. Hiç beklemediğin bir anda önüne büyük dalgalar çıksa da sakın korkma bir tanem" dedi Meryem nine.

"YAŞAM
BİR DENİZ GİBİ AKICI BAZEN DE DALGALIDIR,
AMA UNUTMA,
KÜREKLER HER ZAMAN SENİN ELLERİNDEDİR..."

Meryem ninenin gözleri bir ara uzaklara daldı. O günleri tekrar yaşarcasına derin bir nefes çekerek ciğerlerini temiz havayla doldurdu. Ardından gözlerindeki ışığın canlı yansımasını genç torununun ruhuna aşılarcasına bir anısını anlatmaya başladı.

"Bir sene yine buğday tohumları bırakmıştık tarlamıza. Bizim topraklarımız kumlu tınlı topraklardı. Fosfor ve kireci de boldu, o yüzden çok güzel buğdaylar alırdık. Ama o sene hiç yağmur düşmemişti toprağımıza. Herkes umudunu yitirmişti. İnsanlar çaresizce yakınıp duruyorlardı birbirlerine. Deden ise bir kenarda oturmuş gözlerinin içi gülerek şiir yazmaya koyulmuştu. Diğerlerinin aksine ne kaygı vardı ne de bir üzüntü...

Bu durum günlerce sürdü, sonunda işçiler dayanamayıp dedenin başına toplandılar. 'Biz çaresizlik içinde ne yapacağımızı düşünüyorken sen nasıl olur da bu şekilde rahat olabiliyorsun?' diye sorguladılar dedeni.

Deden ise şu sözlerle cevaplıyordu onları:

'Şu an nefes alabiliyorum arkadaşlar. Yağmur birazdan da yağabilir bunu bilemem, ama bildiğim bir şey var.' O sırada gözlerini kapatıp burnundan derin bir nefes aldı ve beynine temiz havanın dolduğunu duyumsadıktan sonra ekledi: 'Şimdi nefes alabilmenin tadını çıkarıyorum ve ardından yine ekledi:

'Ben sadece tohumu eker ve dua ederim, gerisini Rabbim bilir!..'

Evet, güzel kızım. İnsanlar aradıkları sorunun çözümünün Rabbimiz de olduğunu bilirler, ama hep kendi başımıza işe koyulduğumuz için yarı yolda kalırız. Rabbimizi sadece işimiz düştüğünde hatırlıyoruz. İnsanlar nefes almanın maneviyatını grip olduklarında anlarlar. Tıpkı bir balığın denizden karaya çıkartıldığında, denizin değerini anladığı gibi..."

Yaşlı ninenin bu son sözleri Zehra'nın kaygılarını biraz olsun hafifletmişti, ama hâlâ eksik olan bir şeyler vardı Zehra'nın düşüncelerinde. Adını tam olarak koyamadığı bir eksiklikti bu...

Genç kız, ninesine artık sıkıntılarından söz etmeye çekiniyordu. Üstelik ninesi ona bu kadar güvenmişken o kalkıp da en başa dönmek istemiyordu. Aslında yaşlı nine, Zehra'nın aklının karışık olduğunu sezmişti kesik nefes alışlarından. Ama saatin geç olduğunu fark ederek genç torununa artık odasına giderek güzelce uyumasını önerdi. Zehra da ninesinin bu önerisini hiç düşünmeden kabul ederek ona teşekkür etti ve odasının yolunu tuttu.

Zehra yastığına başını koyduğunda ninesinin akşam anlattıklarını düşündü. Bir nehir gibi okyanusa akmayı ve onunla bütünleşmeyi çok istiyordu, ama yaşamın dalgalı yollarında karşısına çıkacak olan engelleri "Ya aşamazsam?" diye düşünerek kendisini bir çıkmaza sokuyordu. O gece neredeyse sabaha kadar hep "Yapabilir miyim?" diye düşündü Zehra. Güneşin, perdenin arasından sızarak odasına süzüldüğünü fark ettiğinde birden yatağından doğruldu. Zorlukla kirpiklerini araladı.

Sanki bütün gece çalışmışçasına bir yorgunluğun üzerinde olduğunu duyumsadı. Sırtı, beli, omuzları ve kolları tutulmuştu adeta. Sonra ellerinin titrediğini fark etti, bir buz kabının içinden çıkmışçasına...

Neler olduğuna bir anlam veremiyordu genç kız, ama rahatsız olduğu kesindi. Sonra ayağa kalkarak aynanın karşısına geçti. Gördüğü manzara onu iyice ürpertmişti. Gözleri bir yumru gibi yerinden çıkmıştı sanki. Bu durumu annesine ve yaşlı nineye belli etmeden bir doktora gözükmenin doğru bir davranış olacağını düşünerek hazırlanmaya başladı.

Zehra giyinip sokak kapısına doğru ilerlerken annesi de mutfakta kahvaltı hazırlıyordu. Anneciğini telaşa vermemek için her ne kadar da ufak adımlarla yürümeye çalışsa da, annesinin mutfaktan ani çıkışı ile karşı karşıya geldiler. Anne şaşkındı. Kızının bu saatte evden çıkmak için hazırlandığına daha önce şahit olmamıştı. Neler olup bittiğini anlamaya çalışırcasına bakıyordu Zehra'nın yüzüne.

Ama Zehra tek bir söz bile etmeden arkasına dönerek kapıya doğru ilerledi ve bir hışımla evden çıktı. Annesi soramamıştı bile "Kızım nereye gidiyorsun?" diye. Zehra'nın arkasından koşup kapıyı açtığında, genç kız çoktan gözden kaybolmuştu bile.

O sırada yaşlı nine belirdi bir anda annesin ardında. Anne, yaşlı nineye Zehra'nın anlam veremediği davranışından söz etti. Yaşlı nine de olanlardan habersizdi, "Tek yapmamız gereken Zehra'nın eve gelmesini beklemek yavrum" diyerek cevapladı onu. Ardından ekledi: "Benim torunum ne yaptığını bilir, sen merak etme" diye.

Ama anne yüreği bu, nasıl merak etmeyecekti yavrusunu...

Biraz sakinleştikten sonra yapılacak bir şey olmadığını anladı ve beklemeye başladı Zehra'yı. Akşama doğru Zehra kapının eşiğinde belirdi tekrar. Anne ve yaşlı nine hemen yanına yaklaştılar büyük merak içinde. Genç kızın kendinden geçmiş bir halinin olduğunu fark eden annesi hemen koluna girerek oturma odasına götürdü. Kızını yavaşça koltuğa oturttuktan sonra mutfaktan bir bardak su getirerek, genç kızın kurumuş dudaklarının arasına birkaç damla bıraktı.

Meryem nine ve genç kızın annesi, neler olduğuna dair bir açıklama bekliyorlardı artık Zehra'dan. Ve Zehra sonunda, kendini rahatsız hissettiği için doktora gittiğini ve yapılan tetkiklerin uzun sürmesi yüzünden eve geç geldiğini açıkladı.

Yaşlı nine ve anne aynı anda sordular "Neyin varmış yavrum?" diye.

Nefesi bir yumru olmuş ve boğazını tıkamıştı sanki genç kızın. Konuşamıyordu. Gözleri dolmuş, hatta birkaç damla yaş süzülmüştü kirpiklerinin arasından. Ama bir cevap bekliyorlardı ondan, açıklama yapmak zorundaydı. Güçlükle kontrol ettiği sesinin zayıf tınısıyla "Ben..." dedi ve biraz bekledikten sonra devam etti cümlesini tamamlamak için. "Ben lenf kanseriymişim!"

Bir anda sessizliğe bürünmüş odanın içi, genç kızın annesinin feryadı ile çalkanmaya başlamıştı adeta. Yaşlı nine ise son derece sakin ve düşünceliydi. Ama o hep çözüme odaklı düşündüğü için aklından olumsuz hiçbir şey geçmiyordu.

Meryem nine bu durumda bile soğukkanlılığını koruyarak sadece düşüncelerine odaklanmıştı. Onun çözüme yönelik düşünceleri ile ağzından şu sözler dökülüverdi bir anda:

"Bu hastalığı yenmek elinde Zehracığım!"

Yaşlı ninenin bu sözleri üzerine bir anda odayı tekrar sessizlik bürümüştü. Zehra ve annesi gözlerini yaşlı nineye diktiler. Bakışlarındaki ifadeden anlamıştı Meryem nine "Sen ne demek istiyorsun?" sorusunu akıllarından geçirdiklerini. Yaşlı nine tekrarladı az önceki sözlerini.

"Bu hastalığı yenmek senin ellerinde yavrum" dedi ve ardından devam etti. "Lenf kanseri dedin Zehracığım. Bu, kanser türünün en kolay atlatabileceğin bir hastalık olduğunu söylememe gerek yok sanırım. Yalnız bu hastalığın sandığımız gibi kolay atlatılması yalnızca senin düşüncelerine bağlı yavrum. Şimdiye kadar sana anlattıklarımı yaşamında uygulayarak, karşına çıkan bu engeli sevgi ile kabulleneceksin. Anımsıyor musun, bir keresinde sana 'Bu hayat senin, bu yol senin. Ben sadece kararmış yolunu aydınlatması için sana fener verebilirim' demiştim.

Daha önce de dediğim gibi, seni düştüğün zaman elinden tutarak ayağa kaldırabilirim bir tanem, ama ayağa kalktıktan sonra yolunda sevgi bahçene doğru koşacak olan yalnız sensin."

Meryem ninenin bu sözleri o an hem Zehra'nın, hem de annesinin yanan yüreğine sanki su serperek onları rahatlatıyordu. Ama yine de genç kızın endişeli ve kendine güvensiz bir hali vardı. Titrek sesini tekrar kontrol ederek gözlerini, yaşlı ninenin gözlerinin içine odakladı ve "Neden benim başıma geliyor böyle şeyler..." diyerek bıkkınlığını dile getirirken, yaşlı nine de Zehra'nın bu sorusuna cevap vermekte gecikmiyordu.

"NEDEN'LER, SANA HAYATI KENDİ İÇİNDE ZİNDAN EDEN DEMİR PARMAKLIKLAR GİBİDİR. NASIL'LAR İSE, O PARMAKLIKLARI SONUNA KADAR AÇARAK DIŞARIDAKİ ÖZGÜRLÜĞÜ KUCAKLAMANI SAĞLAYAN BİR ANAHTARDIR."

Zehra, ninesinin bu son cümlesinden sonra sorusunu yineledi: "Ya yapamazsam, başaramazsam iyileşmeyi?" diye. Yaşlı nine gülümsedi önce, sonra Zehra'nın ellerini tuttu ona güç verirmişçesine. Genç torununun gözlerine baktı uzun uzun ve şöyle dedi:

"NE DERSEN DE, AMA ASLA VE ASLA 'BEN YAPAMAM!' DEME."

Zehra bir an ninesini kırdığını düşündü, ama sonrasında, kimsenin yaşlı nineyi incitemeyeceğini onun, buna asla izin vermediğini düşünerek gülümsedi. Bu gülümsemeyi genç kızın annesi fark etti hemen ve içini büyük bir huzur kapladı bir anda.

Saat yine geç olmuştu. Zehra, önceki gece de uyuyamadığı için kendisini çok yorgun ve uykusuz hissediyordu. Ninesine ve annesine iyi geceler diledikten sonra odasına çekildi. Yastığına başını koyar koymaz uykuya dalıvermişti genç kız. O sırada yaşlı nine de kızına, Zehra için her şeyin yolunda gideceğini söyleyerek onu rahatlatmaya çalışıyordu. Onun tüm sözleri rahatlatmak pahasına da olsa o kadar içtendi ki! Zaten Zehra'nın annesi de bunu çok iyi biliyordu...

Ertesi sabah Zehra yeni bir güne gözlerini araladığında, başucunda ninesini görüyordu. Birden heyecanlanarak yatağından doğruldu ve yaşlı ninenin boynuna sarılarak onu ne kadar çok sevdiğini söyledi. O sırada Zehra'nın gözpınarlarından birkaç damla yaş süzülmüştü, ama bunlar üzüntünün değil, inancın gözyaşlarıydı. Zehra, yaşlı ninenin akşamki sözlerini bir daha düşünmüş ve kendisini, bu hastalığın daha ağır şartlarına yakalanmadığı için şanslı hissetmişti. Yaşlı nine ise genç torununun kendisini hasta olmasına rağmen umutlu hissettiğini, kendisine sarıldığı an duyumsamıştı.

Meryem ninenin kollarında kendisini çok huzurlu hissetmişti Zehra. Sanki ninesinin yüreğindeki sevgisi taşıyor ve tüm hücrelerine doluyordu. Ruhunun ısındığını hissediyordu yavaş yavaş ve oradan bedenine yansımasını tüm sıcaklığın...

Artık kahvaltı vakti gelmişti. "Hadi yavrum..." dedi yaşlı nine. "Anneni fazla bekletmeyelim."

Birlikte aşağıya indiler ve kahvaltı masasındaki yerlerini aldılar. Bir ara Zehra, annesine ve ninesine baktı uzun uzun. Yıllardır birlikte kahvaltı ediyorlardı, ama bugün nedense farklı bir şey vardı masada. Zehra, ilk defa anne ve ninesi ile birlikte kahvaltı etmenin hazzını yaşıyordu aslında.

Kahvaltılarını bitirdiklerinde yaşlı nine Zehra'ya, birlikte evlerinin arka tarafında bulunan parka gitmek istediğini söyledi. Genç kız da seve seve kabul etti bu teklifi. Ninesi ile en son çocuk yaşlarda o parka gitmişlerdi. Ne çok da eğlenirdi o zamanlar Zehra. Bir anda o günler geldi aklına. Tekrar çocuk olmanın özlemini duyuyordu sanki. Ama bunu ninesine söylemedi; çünkü ninesinin kendisine, her yaşın ayrı bir güzelliği olduğunu hatırlatacağını çok iyi biliyordu.

Bu duygular içinde parkın yolunu tuttu Zehra ve yaşlı nine. Hava o gün çok güzeldi. Güneş tam tepede, dönme dolap oynarcasına birbirini izleyen bulutların arasından onları selamlıyordu. Çocuklar cıvıl cıvıl bir sağa bir sola nedensizce, sorgusuzca koşturuyorlardı sevinç çığlıkları içinde. O sırada Zehra ve yaşlı nine, köşede bir bankın boş olduğunu fark ederek gidip oturdular ve etrafı seyretmeye koyuldular. Aslında yaşlı ninenin anlatmak istediği bir şey vardı Zehra'ya, ama uygun zamanı kolluyordu; çünkü genç kız parkta kendinden geçmiş bir şekilde oturuyordu. Torununun bir düş halinde olduğunu fark ettiği için de konuşarak düşlerinin arasına girmek istemiyordu Meryem nine, en azından şimdilik...

Bir süre sessizce bankta oturdular, ta ki Zehra bir anda silkelenip kendini toplayarak o an kurmuş olduğu düşlerine veda edene kadar. Bu sırada yaşlı nine genç torununun ellerini avuçlarının arasına alarak gözlerinin içine odaklandı. Ve ona, uzun zamandır aklında olan soruyu sormanın zamanı geldiğini düşünerek sözlerine başladı.

İNŞALLAH KELİMESİNİN İÇİNDEKİ İLAHİ GÜÇ

"Bir tanem, yaşamında mutluluğu bulan insanlar aynı zamanda yaşama sıkıca bağlanmış olanlardır. Ama o insanları yaşama bağlayan bir amaç vardır muhakkak. Çünkü amaçsız bir yaşam, dalları olmayan bir ağacın gövdesi gibidir. Meyve veremeyen bir ağacın ise sadece gölgesinden yararlanabilir insanlar. Amaçsız bir insanın da bir gölge gibi yaşamaktan farkı yoktur canım.

Belki de bu hastalığın dönemindeki iyileşme sürecinde, senin en etkili ilacın amaçların olacak; çünkü o amaçlar, yaşama sıkıca tutunmanı sağlayacaklardır." Meryem nine sözlerinin burasında durup, avuçlarının içinde tuttuğu Zehra'nın yumuşak ellerini biraz daha sıkıca sarmaladı ve ardından vakit geçirmeden sordu: "Senin de bir amacın olmalı, hayat amacın nedir Zehracığım?"

Genç kız ninesinin bu sorusu karşısında bir süre cevapsız kaldı. Ne diyeceğini bilemiyordu; çünkü daha önce kendisine bir amaç belirlememişti. Belki de bu yüzden boş vermiş bir şekilde yaşamını sürdürüyordu. Ama ninesinin dediği gibi yaşama tutunmalıydı, bunun için de bir amaç belirlemeliydi kendisine. Biraz düşündükten sonra ağzından, yüreğinden inanarak söylediği şu cümleler döküldü genç kızın:

"Nineciğim, elimden gelenin en iyisini yapmak istiyorum. Dünyayı, bana bırakılan bu dünyadan çok daha güzel bir yer olarak bırakmak istiyorum. Ben de bildiklerimi sizin gibi önce yaşamımda uygulamak, sonra da paylaşarak bu sevgi yolunda yolda dünyada bir iz bırakmak istiyorum. Sevgiyi, merhameti, insanlığı, kardeşliği yaymak istiyorum. Bunları yapmak için kendimi keşfetmem gerektiğini sizden öğrenmiştim ve sayenizde çok uzun bir yol kat ettim. Kendimi her gün yenileyerek, değişimin insan ruhuna verdiği muhteşem gücü hissedeceğim. İşte bu benim hayata tekrar tutunmam için gerekli amacımdır."

Zehra'nın bu sözleri Meryem nineyi oldukça duygulandırmış olmalı ki, gözpınarlarından küçük küçük yaşlar akmaya başlamış, sonra çenesinin altından süzülerek yere damlayıvermişti. Yaşlı ninenin Zehra'ya olan güveni tamdı. Genç torununun bu hastalığı yenebileceğine inanıyordu; fakat aklında Zehra'nın dün akşam eve geldiğinde ağzından çıkan "Ya yapamazsam, başaramazsam iyileşmeyi?" sözleri vardı. Eğer Zehra gerçek anlamda mutlu olacaksa, bir amaç belirlemişse kendine ve hastalığından kurtulacaksa, tam anlamıyla "YAPAMAM" gibi zehirli bir kelimeyi, zihninden de silmesi gerekiyordu.

Meryem nine bu düşüncelerini Zehra'ya da aktardı ve sağ elinin işaretparmağı ile güneşi işaret ederek, "Görüyor musun?" dedi.

"İnsanların ne düşündüğüne aldırmaksızın, güneş her gün aynı yerden doğmaya devam ediyor. Çünkü onun da bir amacı var. İnsanların yeni umutlarını aydınlatmak ve üşümüş ruhlarını sıcacık tutmak onun en büyük değeri. İnsanların olumlu ya da olumsuz ne düşündüğüne aldırış etmeden bunu yapıyor güneş... Oluşu izle güzel kızım, her şey görevini yapıyor. Doğaya bak... Hiçbiri işini yarım bırakmıyor, pes etmiyor. Gerektiğinde yağmur var gerektiğinde kar..."

Yaşlı nine son cümlesinden sonra derin bir nefes aldı ve adeta gürleyerek sözlerine devam etti. "Fark oluşturmak istiyorsan eğer, güneş gibi, sadece kendi amaçlarına odaklanacaksın. Ne olursa olsun, asla ve asla vazgeçmeyeceksin bu amaçlardan. Hayatta bir insanın yapabileceği en kolay eylem vazgeçmektir.

Sen, güneş gibi parlayan gözlerle devam edeceksin yoluna. Kolay kazanılan, kolay kaybedilir; çünkü bir anlamı yoktur. Zor ve anlamlı olan ise; her şeye rağmen mücadele ruhunu ve azmini yüreğinde taşımandır."

Yaşlı nine şu sözlerle Zehra'ya adeta nutuk çekmeye devam ediyordu:

"YAŞAMDAN KEYİF ALMANIN YOLU İNSANLARIN 'YAPAMAMAM!' DEDİKLERİNİ YAPMAKTAN GEÇER."

Yaşlı ninenin bu sözleri sanki Zehra'nın her bir hücresine sızıyor ve oraya enerji dalgaları aşılıyordu. Zehra ise yüreğini ve tüm bedenini saran bu kelimeleri amaçlarına ulaşma yolunda bir anahtar gibi saklıyor ve ninesini can kulağı ile dinlemeye devam ediyordu.

"İnşAllah yapacağım kelimesinin içinde, düşlerinde bile mümkün olmadığını sandığın eylemlerini başarabilecek bir rahmet enerjisi vardır canım. Bu ancak ancak inşAllah yapacağım kelimesini tüm yüreğin ile inanarak söylediğinde ortaya çıkacak ve seni şaşırtacak derecede etkisini gösterecektir. Rabbimiz Kehf süresi 24. ayette der ki: Ancak, 'Allah dilerse yapacağım' de. Unuttuğun zaman Rabb'ini an ve 'Umarım Rabbim beni, bundan daha doğru olana ulaştırır' de."

Zehra bu arada söze girerek, "Yani inşAllah dediğim anda o kelimenin içindeki muhteşem bir güç devreye mi girecek nineciğim?" diye sordu.

"Kesinlikle" dedi yaşlı nine ve devam etti. "Unutma, inşAllah bir kelime değil, Allah'ın kullarına verdiği bir anahtardır. Tüm kalbin ile inanarak söylediğinde, hayal bile edemediğin şekilde etkisini gösterecektir.

Yüce Rabbim her insana düşünme yetisi vermiştir canım. Bu yetini sınırlar ve ona inanmazsan, işte o zaman yaşam pınarının önüne kocaman bir set örerek onun sağlıklı akmasını önlemiş olursun. Eğer şu an, bu setin önünde olduğunu hissediyorsan o seti yıkmak için inanarak yüreğine haykır 'İnşAllah yapacağım!' diye.

İşte o zaman sen bile kendi önünde duramazsın hedeflerine kavuşma yolunda. Dünya önünde diz çökerek karşılar seni. Büyük inançlar, büyük eylemlerinin öncüsüdür yavrum. Ve şunu asla ve asla unutma ki:

ALLAH'IN İZNİ İLE YAPABİLECEĞİNE İNANANLAR
HER YER KARANLIK DA OLSA GÜNEŞ GİBİ
EN TEPEDE PARLARKEN, 'YAPAMAM!' DİYENLER
GÜN IŞIĞINDA BİLE KAYBOLURLAR.

Yıllar öncesinde Fatma isminde çok yaşlı bir kadın varmış. Bu yaşlı kadının Barış ve Ahmet adında iki de oğlu varmış. Eşini yıllar öncesinde bir trafik kazasında kaybettiği için, kendisini oğullarına adayarak yaşıyormuş Yaşlı kadın. Bir gün evdeki eski resimlere göz gezdirdiği sırada kapının zili çalmış ve çocuklarının erken saatte eve dönmeyeceklerini bildiği için de merak içinde gidip kapıyı açmış.

Kapıyı açtığında bir polis memurunun karşısında dikildiğini görünce merakı iyice artmış. Aklına hemen kötü şeyler gelmiş, ama bunları düşünmek bile istemiyormuş. Uzun uzun göz göze gelmişler kapı eşiğinde yaşlı kadın ve polis. Daha sonra polis "Başınız sağ olsun efendim. Oğlunuz bir trafik kazasında hayatını kaybetti" diyerek sessizliğe acı bir şekilde son vermiş.

Yaşlı kadın ne diyeceğini bilemiyormuş. Nefesi bir yumruk olup sanki boğazını tıkamış o an.

Aradan yıllar geçmiş. Eşinin uzun süren ayrılığını kabullendiği gibi, oğlunun da bu zamansız ve ansızın gelen ayrılığını kabullenerek yaşamaya başlamış. Şimdi onu yaşama bağlayan tek bir neden varmış o da, küçük oğlu Ahmet'miş. Ahmet de annesinin üzerine daha da düşmeye başlamış artık. Gerçi yaşlı kadının ne bir masrafı, ne de özel istekleri varmış. Zaten bugüne kadar da hiç kimseye yük olmamış yaşlı kadın.

Ahmet annesine, annesi de oğlunun üzerine adeta titreyerek yaşamaya koyulmuşlar. O gün yine yaşlı kadın Ahmet'inin sevdiği yemekleri yapmak için mutfakta hazırlıklar yapıyormuş. Ahmet de mutfağın ön camına bakan bahçenin kenarında, patlamış olan arabasının lastiğini değiştirmeye koyulmuş.

Ahmet arabayı kriko ile biraz havaya kaldırdığında, arabanın alt tarafının çürümüş olduğunu fark ederek, eğilip altına bir *göz gezdirmek istemiş. O sırada krikonun yerinden oynaması ile araç bir anda Ahmet'in üzerine düşüvermiş. Ahmet bir anda can havliyle bağırmaya başladığında yaşlı kadın da telaş içinde mutfağın camına çıkıvermiş ve oğlunun çaresizce arabanın altında çırpındığını görmüş. Yaşlı kadın bir anda soluğu arabanın yanında almış. Önce etrafına bakınmış, ama yardım edecek kimselerin olmadığını görmüş çevrede... Kaybedilecek zaman da yokmuş aslında. Yaşlı kadın hiçbir şey düşünmüyormuş o an. Tek odağı arabayı kaldırmakmış!*

Ve o kırışmış ellerini arabanın altına yerleştirerek bir çırpıda, neredeyse bir buçuk tonluk arabayı yerinden kaldırıvermiş.

Evet güzel kızım. İnsanlar kendilerini mecbur hissettikleri zaman, zihinlerindeki yapamam kelimesi de, bir anda yok olur. Bu yok oluş aynı zamanda, düşüncelerin oluşturduğu tüm engellerin de yıkımıdır. Bu yıkım gerçekleştiği zaman ise içinde gizlenmiş olan muhteşem güç açığa çıkar. Tıpkı yaşlı kadının mecbur kaldığında yaptığı gibi..."

Meryem ninenin bu sözleri üzerine Zehra, bir anda oturduğu banktan doğrularak haykırmaya başladı "Allah'ın izni ile yapabilirim, yapabilirim!.." diye. Yaşlı nine de genç kızın bu sözleri üzerine söyleyecek pek fazla bir şey bulamıyor, sadece o anı yaşıyor ve Zehra'nın kendi gerçek potansiyelini bulmasının verdiği heyecan ile onur duygularını, iliklerine kadar içinde hissediyordu.

Parkta zaman çabuk geçmişti ve artık hava sertleşmeye başlıyordu. Nine ve genç kız el ele tutuşarak evlerinin yolunu tuttular. Zehra'nın annesi kapıda karşılamıştı onları. Genç kızı kapının eşiğinde gördüğünde gözlerindeki parıltıyı fark etmişti hemen. Zehra'nın bu ışık saçan bakışları, dün akşam annesinin yüreğine düşen ateşi de söndürmüştü bir anda.

Zehra hastalığını unutmuştu bile. Çünkü iyileşeceğine tüm kalbi ile inanıyordu. Kendisine belirlediği amaçları onu yaşamaya mecbur kılmıştı. Ve bu mecburiyet, içindeki gücü de dışarıya çıkartmasını sağlamıştı bir volkan gibi...

O sırada annesi de Zehra'ya, parktayken sevdiği yemekleri hazırlamıştı ve yaşlı nine ile kızını masaya davet etti. Yemekler uzun zamandır ilk defa bu kadar güzel gözükmüştü Zehra'nın gözlerine. Tadı bile sanki bir başkaydı...

Bir anda genç kızın aklına dedesi geldi yine. Meryem nineye dönerek, "Nineciğim sonra dedeme ne oldu?" diye sordu. O an yaşlı nine ve Zehra'nın annesi göz göze gelerek bir süre bakıştılar. Ardından yaşlı nine torununun gözlerinin içine baktı ve duygu yüklü bir ses tonuyla şöyle dedi:

"Dünyada yaşaması ve çevresine katması gereken güzellikleri fazlası ile gerçekleştirdiğine inandığı için, yüce Rabbim dedeni bu rüyadan uyandırarak yanına aldı. Bizler bu dünyadan göç ederken gözlerimizi ebediyen kapadığımızı sanıyoruz, oysa hayat uzun gibi gözüken ama kısa bir rüyadır kızım. Deden gözlerini sadece gerçek dünyasına açtı ve o, her zaman bulunduğu yerden bizlere sevgi ile bakıyor. Bunu hissedebiliyorum canım."

Zehra, yaşlı nineye son kez, "Peki, hiç üzülmedin mi, zor olmadı mı dedemden ayrı yaşamak sizin için nineciğim?" diye sorduğunda, Meryem nine, tüm yüreği ile inandığı bir cevabı veriyordu:

"Hayatın bize acımasız davranması, bizim de kendimize acımasızca davranmamızı gerektirmez.

Hayat bazen acımasız olabiliyor yavrum. Bizlere kötü davranabiliyor. Ama hayatın bize kötü davranması, bizim de kendimize kötü davranmamızı gerektirmemeli. Allah bize, her ne şekilde olursa olsun bu yaşamı sunmuşsa eğer, hayatı karartmak yerine, onu aydınlatmak için güneş olarak açmayı seçebiliriz."

Üstelik unutma, peygamber efendimiz hadisinde ne buyurmuştu? 'İnsanlar uykudadır, ölünce uyanırlar' diyerek aslında bizlere hakikati anlatıyordu."

Bu sözler karşısında Zehra başını öne doğru eğdi. Gözlerinden yaşlar akmaya başlamıştı. Ninesinin hayata bakışının ardından gelen gücü artık kendisinde de hissediyordu. Zehra ne kadar değerli olduğunu şimdi çok daha iyi anlamaya başlamıştı.

"Bugüne kadar arkadaşlarım üzüldüğünde her zaman yardımlarına koşmuştum ama üzüldüğüm zamanlar kendimi hiç dinlememiştim bile. Kendime yardım etmek yerine, hep suçlamayı seçmiştim bugüne kadar...

Çevremdekilere davrandığım gibi kendime karşı hiçbir zaman yumuşak ve nazik olmamıştım. Şimdi görebiliyorum, hayata yüreğim ile bakabiliyorum! Kendime artık daha sık teşekkür edeceğim. Sadece mutlu ve huzurlu olmayı düşünüp, kaygılar üreten zihnime yenik düşerek bundan sonra kendime haksızlık etmeyeceğim.

Artık görmek, duymak, koklamak, dokunmak ve tatmak istediklerimi sadece yüreğimle hissedeceğim" dedi coşkulu bir iç ses ile.

Zehra, yaşamına yüreği ile bakmayı öğrenmişti artık. Ve bu, "Sevgi Yolu"na uzanan son adımdı. Sevgi yolunda Zehra'yı bekleyen muhteşem güzellikler olacaktı. Bu yolda yürüyen ender insanlar gibi, Zehra da attığı her adımın kendisini gizlenmiş bir hazineye doğru götürdüğünü hissederek yürüyecekti artık.

Sevgi yolunda tabii ki engeller vardı, ama bu yolda yürüyebilen insanların özelliği o engelleri görmemeleriydi. Bunu da yaşamlarına yürekleri ile bakarak ve Allah'a sonsuz güven, teslimiyet içinde bağlı kalarak sağlıyorlardı.

Zehra'nın gözleri, ender insanların ulaşabildiği sevgi yoluna erişmenin mutluluğu ile sevinç gözyaşlarına boğulmuştu ki o anda yaşlı nine, sanki hayatının anlamını ifade eden bir sözü anımsatıyordu Zehra'ya:

"ÖĞRENDİKLERİN İLE YAŞAMINI MUTLULUK
SARAYINA ÇEVİREBİLİRSİN,
AMA BU BİLGİYİ PAYLAŞTIĞINDA
MİLYONLARCA DUA ALACAKSIN!"

20 YIL SONRA...

Meryem nine: Gözlerini bu dünyaya kapatarak, sonsuz yurt olan ahrete doğru açtı. Özlem duyduğu Rabb'ine bir adım daha yaklaşmıştı. Artık onun yeni dostları melekler...

Zehra: Genç kız niyet ederek gerçek anlamda kendisini anlayan, yüreğine yüreği ile yaklaşan biriyle tanıştı evlendi ve bu evlilikten, Zeynep ve Ahmet adında iki yavrusu oldu. Şimdi korunmaya muhtaç çocuklara ve Çocuk Esirgeme Kurumu gibi yerlerde minik yüreklere Allah sevgisi ve sabrı aşılıyor.

Yüreğinde ise hep o ayet:

"*Rabbinin rızasına ermek için sabret.*" (Müddessir-7)

UĞUR KOŞAR KİMDİR?

TTS (Theatrical Therapy System) ve Nur Terapisi'nin kurucusu olan ruhsal danışman ve yazar Uğur Koşar; kendisini fıkıh, tefsir, hadis ilmi açısından geliştirmenin yanında; zihin ilimleri olan bilgelik ile sufiliği (kalp gözüyle bakışı) harmanlayarak kendine özgü üslubuyla insanların kendi öz varlıklarıyla buluşmasına, böylece kalıcı bir huzura kavuşmasına yardımcı olmaktadır.

Bütünden yana olan Uğur Koşar, "Bilim ve ilim ayrılamaz, dünya Kur'an üzerine kuruludur" diyerek; zihin, ilim ve psikolojiyi birleştirip terapilerinde başarıya ulaşmıştır.

Uğur Koşar der ki: "Ben sizi yeni bir şeyle tanıştırmıyorum; sadece unuttuğunuz kendi özünüzle tekrar buluşmanıza vesile oluyorum. Yaşam, matematik değil bir şiirdir ve içinde nefes aldığınız bu hayat, beyinlerin gelişmesinden öte, yüreklerin ve ruhun olgunlaşmasıyla gelen bir kutlama olmalıdır."

Böylece, yaşamanın aslında bir sanat olduğunu anlatmaktadır.

Onun görüşüne göre, mutsuz insan yoktur; mutlu olacağına inanmayan insan vardır ve insanları yorgun kılan yaşam değil, taşıdıkları maskeler ve inandıkları kalıplardır.

Uğur Koşar, "Her soru önce kendi cevabını doğurur" sözleriyle, insanların aradığı cevapların aslında kendi derinliklerinde mevcut olduğunu ifade etmektedir.

O, yaşam yolculuğunda insanların kendilerini keşfetmeleri ve kendi derinliklerinde bulunan mevcut cevaplara ulaşmaları adına; onları sadece düşündürmeye, idrake ulaşmalarına ve baktıklarından daha derine odaklanarak Allah'ın kendilerine sunduğu hediyeleri görmelerine-kucaklamalarına yardımcı olmaktadır.

"Yaşam, geçmiş ile gelecek arasında açmış bir çiçektir; onu, sadece şimdiki anın içinde koklayabilirsin.

Kendi hayatını yaşamıyorsan yaşadığın hayat senin değildir!

Dışarıda mucize arama, mucize sensin!

Önemli olan hayatın ne zaman son bulacağı değil, onu ne zaman hissederek yaşamaya başladığındır.

Ben size mutlu olmayı değil, mutluluğa dönüşmeyi gösteriyorum.

Yaradan kitaplarını, peygamberlerini insana göndermişken, cennetinin kapılarını ona açmışken ve sana bu kadar çok değer veriyorken; sen nasıl olur da kendine değer vermezsin!

Sadece yaşamın gerçekliğine uyum sağla, ruhun ağlamaya ihtiyacı varsa ağla, gülmeye ihtiyacı varsa gül; her deneyimi yaşa, kontrol etme... Şayet kontrol edersen, bütün enerjini dışarıya akıtmış olacaksın. Sessiz ol ve yaşamın akışını izle; tefekkürde kal, o akışta gelen her şey bir rahmettir."

Onun bu sözleri, insanlara farkındalık kazandırmaya yöneliktir.

Uğur Koşar, insanlığın temel sorunlarından birini ise şöyle ifade etmektedir:

"İnsanlar isyanda, hayat çoğu için yaşarken bitmiş durumda; çünkü hep başkalarının hayatını yaşamaktalar. Bu hayat onların değil; başka bedenlerde, başka ruhlarda hayat buluyorlar ve onlar gidince hayat da anlamını yitiriyor. İnsanlığın en büyük sorunu budur. Kendi hayatını yaşamıyorsan, yaşadığın hayat senin değildir. Nasıl olabilir ki? O hayat başkasına bağlı ve o gittiğinde yahut ilgisini yitirdiğinde sen de eriyor, tükeniyorsun! Olanları izlediğinde şahit olacaksın ve o zaman varlığın hakikate uyanacaktır."

UĞUR KOŞAR İLE "ZİHNİN ÖTESİNE GEÇİŞ-HİÇLİK" ÖZEL TERAPİSİ HAKKINDA

Uğur Koşar şöyle der:

Senin iç dünyan gerçek evindir, orası varlığın-merkezindir. Şayet içsel derinliğindeki evinin odaları karanlık ise, ikamet ettiğin evinin aydınlık olmasının hiçbir anlamı yoktur.

Dışarıda gördüğün gökyüzü aydınlık olabilir; fakat senin içindeki gökyüzü karanlık ise dışarıda olan bitenin hissiyatı sana bir şey katmayacaktır. Ve sen içsel odaların karanlık olduğu için ıstırap çekmektesindir. Kendini dibe vuruyor hissi tüm hücrelerine yayılmıştır ve bu duygular içinde bir psikanaliste gidersin.

O sadece senin içinde bulunduğun odayı aydınlatacaktır, fakat sen başka odaya geçmek istediğinde yine karanlıklarla baş başa kalırsın. Bir psikanalist senin sorununla ilgilenir ve onu yok etmek için uğraşır, fakat zihin öyle kurnazdır ki, sen bir sorunu aştığında o başka bir sorun yaratacaktır.

Neden bu kadar sorun olduğunu bilmek istiyorsun.

Çünkü onları yakalayan ve senin önüne seren zihindir, bu zihnin çok kurnazca olan oyunlarından biri, ona dikkat et. Zihin seni ele almış durumda, tüm kontroller zihnin elinde, şayet sen zihinle ve onun ürettiği düşüncelerle özdeşleşmezsen zihnin patronluğu artık bitmiş olacak. Ve bu zihnin işine gelmeyecek bir durumdur, o zaman zihin kime hükmedecek?

O sürekli sorunlara tutunarak senin boşluğu bulmana fırsat vermez, şayet sen bir kere o boşluğun yoluna erişirsen önünde hiçbir engel kalkamayacak. Artık zihin sana sınır koyamayacak, onun egemenliğinin sonu geldi. Zihin keşfedildiğinde bu onun sonu demektir, ortada zihnin işine gelmeyen bir durum vuku bulduğu için o seni oyalamaya devam etmek isteyecektir, anlıyor musun?

Bu çok kalabalık bir caddede hiçbir insana çarpmadan bir boşluk üzerinde yoluna devam etmek gibidir. Boşluk varsa yaşam yolunda su gibi akarsın, şayet zihinle özdeşleşirsen bütün insanlara çarpmak kaçınılmaz olacaktır.

Zihin sorun üreten bir fabrikadır. Senin evlilik sorunun vardır ve giderilir ve sen kendini beğenmemekle ilgili başka bir sorun yaratabilirsin yahut affedememekle ilgili bir sorun ortaya çıkabilir.

Zihin zehirli bir ağaçtır ve sorunlar-problemler o ağacın dallarındaki meyveleridir. Önce bunu anlamalısın.

Ben seni bağımlı bir hale getirmek istemiyorum, bana arada bir gelip "Başka bir sorunum var, şimdi ne yapacağım?" diyerek yıllarca bağımlı hale dönüşmeni benimsemiyorum. Ben senin kendi varlığından açan çiçekleri görmeni ve onları koklamandan yanayım. Sen ancak o zaman çiçeklerinin kokusunu tüm hücrelerinde dilediğin an hissedebilirsin.

Ben senin zehirli ağacını keşfetmenden yanayım. Onun köküne bir kez ulaştığın zaman artık o bir daha zehirli meyveler üretmeyecektir.

Bir uzman seni kendine bağımlı hale getirmek ister, o senden para kazanmalıdır, bu onun işidir, yoksa nasıl geçimini sağlayacak? Ve o senin bulunduğun odayı aydınlatacaktır. O senin zehirli ağacında bulunan dallardan meyveleri toplatacaktır. Fakat ağaç başka bir daldan yine zehirli bir meyve (sorun) verecektir, problem üretecektir.

İşini gerçekten severek yapan çok az uzman var, hatta benim yazılarımı ve kitaplarımı öneren birçok psikolog olduğunu öğrendim. İnsanlar bana gelerek "Sizin yazılarınızı ve hayata bakışınızı incelemem için beni şu uzman-psikolog yahut psikiyatr gönderdi" diyorlar.

Ben sadece ruh ticaretini benimsemiyorum, ben insanları gerçekten dinlemekten ve onları anlamaktan yanayım ve onların kendi içlerinde göremedikleri cevabı ortaya çıkartmayı benimsiyorum. Benim kimseye verecek bir cevabım yok, cevap soru ile birlikte doğar; fakat sorunlu bir zihnin içinde cevabı göremezsin, o yüzden seni zihnin ötesine çıkartıyorum. Sen zihnin ötesine geçtiğinde aradığın bütün cevaplar gözlerinin önüne serilecektir.

Ben sorunlarla hiç ilgilenmiyorum, ben senin zihninle ilgileniyorum. Senin mutlu olmandan değil, mutluluğun kendisi olmandan yanayım. Sen mutluluk olduğun zaman önüne çamur da çıksa onun içinde açan nilüfer çiçeklerini görmeye başlayacaksın. O zaman baktığın her şey mutluluğa dönüşecek.

Ben senin yaşamdan sadece bir parça değil, yaşamın kendisi olmanı istiyorum.

Şayet sen yaşamın kendisi olursan tüm sahiplenmeleri bıraktın demektir ve tüm sahiplenmeleri bıraktığın anda her şey senindir!

Toplumu izliyorum. Toplum senin özgür kalmanı istemez, kendi başına akmanı istemez, toplum uyum ister ve onların uyumdan kastı seni kendilerine benzetmektir. Sen bir balıksındır ve senin özgürlüğün denizlerdir, denizde özgürce akabilirsin, deniz senin yaşam alanındır ve sen karaya çıkarılmaya koşullandırılırsan boğulmaya başlarsın, daralırsın ve artık senin sonun gelir.

Ve bazıları bir şahindir, o gökyüzünde özgürdür, onun doğasında uçmak vardır onu denizde yüzmeye koşullandırırsan şahin artık eski şahin olmayacaktır, onu kaybedersin, onun tüm güzelliğini yok edersin.

Ben senin kendi orijinalliğini bulmandan yanayım.

Unutma zihnin ötesinde olan her yer senin sevgi ve mutluluk alanındır.

UĞUR KOŞAR'IN TERAPİSİ HAKKINDA

(İnsanların Uğur Koşar'a dünyanın dört bir yanından gelmelerinin sebebi; tıp doktorlarının teşhis koymuş olduğu panik atak, anksiyete, takıntı, özgüven eksikliği ve depresyon hastalarına, ekip arkadaşları ile birlikte tek seanslık görüşmesi ile destek vererek başarıya ulaşmış olmasındandır. İlginize teşekkür ederiz...)

Uğur Koşar, terapisiyle ilgili şu sözleri dile getirmiştir:

"Öncelikle şunu çok net belirtmeliyim: Terapi görmek için yıllarca uzmanlara, psikologlara gitmiş ama çare bulamamış insanlarla görüşmeyi seçiyorum. Bunu sana kimse söylememiş olabilir; fakat depresyon artık senin aydınlanmanın, çiçek açmanın habercisidir. Bir çiçek tohumunu düşün; tohumun filizlenmesi, çiçek vermesi için nasıl ki artık son derece patlamaya hazır duruma gelmesi gerekiyorsa, insan da depresyondayken çiçek vermeye hazır demektir.

Yahut gebe bir kadını düşün lütfen... Onun doğum gerçekleştirmesi için dokuz ay sürenin geçmesi, artık karnının burnuna gelmesi, bir patlamaya, bir sıkışmaya hazır olması gerekir, öyle değil mi? Yoksa bebek sağlıklı doğmayacaktır. Bebek dört aylıkken doğarsa ölecektir. İşte bu yüzden senin dibe vurman, depresyonda olman benim için son derece güzel bir şey. Bana artık senin çiçek açmana yardımcı olmak, sadece bu negatif enerjini pozitife dönüştürmek kalıyor.

Psikolojik sorun yoktur; sadece zihinsel bir işletim hatası vardır. İnsan, zihnini kullanmasını bilmiyor; çünkü onun kullanma talimatını kimse vermedi! Ben insanlara zihnin nasıl kullanılacağını gösteriyorum ve onlar da kolayca özlerine ulaşıp kalıcı sonsuz huzurla tanışıyorlar, tek sırrım budur.

Burada olduğuna göre uzmanlara, psikiyatrlara gitmiş; ilaçlar almış ama kendi özünle buluşamamış olmalısın. Sana yardımcı olamamış olabilirler; çünkü sen derin bir uykudasın, tıpkı geceleri yatağında uyuduğun gibi... Bu durumda, sana verilen komutları algılayabilir, onları idrak ederek yaşamında uygulayabilir misin?

Hayır, bunu nasıl yapacaksın! Sen zaten bir uykudasın... Uykuda olan hiç kimse dışarıdan verilen komutları rüyasında uygulayamaz. Bu yüzden uzmanlar, insan üzerinde kalıcı bir mutluluk sağlayamamıştır. Kişinin öncelikle derin uykusundan uyandırılması gerekir ve bizim yaptığımız sadece sizin uyanmanıza yardımcı olmaktır; sonsuz huzur ise tıpkı kâbuslu bir rüyadan uyanır gibi kendiliğinden bir anda gelecektir."

"İnsanları yorgun kılan hayat değil, taşıdıkları maskeleridir" diyerek de birçok insanın farkında olmadan takmış olduğu maskelerinden sıyrılarak kendi özüyle buluşmasını sağlayan üstat, şu sözleriyle insanları farklı bakış açılarına yönlendirmektedir:

"Sorun, hiçbir zaman problemler değildir, yaşam yolculuğunda problemler her zaman olacaktır; asıl sorun, zihnin oyununa gelerek problemlerle özdeşleşmemiz, onlara bir mıknatıs gibi yapışmamızdır."

Uğur Koşar, "Mutsuzluk, zeki insanın bilgeliğe dönüşüm aracıdır" diyerek, danışanlarına acıyı bir araç olarak kullandırıp sonra onu sonsuz bir huzura dönüştürmekte ve kendine özel öğretisiyle görüşme seanslarında bunu yaşatarak anlatmaktadır.

Usta, "Dikkatle izlemenizi isterim. Biri sizi üzdüğünde o aslında size sadece bir iğne batırmıştır; öfke, tepki, üzüntü ise sizin içinizden yükselir" diyerek, insanları kendi içine yönlendirip, orada özü merkeziyle buluşturarak sorunların sonsuz bir huzura dönüşmesine; kendine özgü birçok öğretisiyle danışanlarının farkındalık kazanmasına ve bilgelik boyutuna ulaşarak aydınlanmasına yardımcı olmuştur.

Psikologlar, kitaplarını ve terapisini tavsiye etmektedir. Ünlü isimlere, birinci ligden futbolculara, yaşam koçlarına ve doktorlara terapi, psikologlara da eğitim veren Uğur Koşar; görüşmelerini, İstanbul Mimaroba'daki özel çalışma ofisinde yapmaktadır.

Üstadın geliştirdiği TTS (Theatrical Therapy System), tek seanslık olup başarılı sonuçlar edinilmiş bir sistemdir.

***

İletişim
Web: www.ugurkosar.com
Tel.: 0544 863 26 62